AF299038

ÉTUDE

HISTORIQUE ET PHILOLOGIQUE

SUR

JEAN PILLOT

ET SUR

LES DOCTRINES GRAMMATICALES

DU XVIᵉ SIÈCLE

PAR

ARTHUR LOISEAU

Agrégé de l'Université, Professeur de rhétorique au lycée impérial du Puy

> « Ils avaient compris l'utilité de la langue française,
> et cette pensée les porta à vouloir la discipliner, la
> fortifier par des règles, et la rendre en quelque sorte
> classique. »
>
> (FRANCIS WEY, *Hist. des Révolutions du langage
> en France*, page 247.)

SAINT-CLOUD

IMPRIMERIE DE MADAME VEUVE BELIN

5, RUE DU CALVAIRE, 5

1866

A MONSIEUR VERDOT

OFFICIER DE L'INSTRUCTION PUBLIQUE, CHEVALIER DE LA LÉGION D'HONNEUR

CHEF D'INSTITUTION

HOMMAGE

DE SON ÉLÈVE RESPECTUEUX ET RECONNAISSANT

A. LOISEAU.

AVANT-PROPOS

« Ils avaient compris l'utilité de la langue française,
et cette pensée les porta à vouloir la discipliner, la
fortifier par des règles, et la rendre en quelque sorte
classique. »

(FRANCIS WEY, *Hist. des Révolutions du langage
en France*, page 247.)

Un modeste précepteur, dont la vie nous est à peu près
inconnue, et une simple grammaire française, composée
pour un prince d'Allemagne, tel est le principal objet de
cette étude.

Voilà sans doute un sujet d'une faible importance.

Mais d'abord, comme les nombreuses réimpressions de
ce livre, devenu classique en son temps, prouvent assez le
succès qu'il obtint, et l'usage qu'on en fit en France et à
l'étranger, nous avons pensé qu'il ne serait pas sans intérêt ni sans utilité, de faire connaître, autant que possible,
l'auteur de cette grammaire, le prince illustre à qui elle fut
dédiée, son jeune cousin pour qui elle fut composée ; enfin et surtout, d'établir jusqu'à quel point elle contribua
aux progrès de notre langue et des études grammaticales
dans les écoles du xvie siècle.

Ensuite, comme pour atteindre ce triple but, il nous a
fallu suivre, dans ses vicissitudes, le long et laborieux développement du langage français ; établir à quel degré de
précision et de clarté il était parvenu vers 1550, alors que

parut ce livre, et comparer, une à une, les théories grammaticales de Jean Pillot avec celles de ses devanciers et de ses successeurs, afin de pouvoir faire la part de son mérite, peut-être notre étude sera-t-elle lue avec quelque intérêt par les philologues, curieux de connaître les progrès de notre langue littéraire pendant le xvie siècle.

Nous aurions désiré avoir plutôt à signaler de grandes richesses qu'à en mettre de petites en œuvre ; mais il n'est pas permis, dans les recherches de ce genre, de devancer les temps ; il faut se contenter de suivre les progrès de l'esprit humain dans son expression la plus naturelle et la plus pure, c'est-à-dire dans le langage. Le lecteur ne nous en voudra donc pas de n'être pas plus riche ; il jugera si le peu que nous avons trouvé a quelque utilité pour l'histoire philosophique de notre grammaire.

Cette étude se divise naturellement en trois parties :

La première est un coup d'œil sur l'état de la langue française et les connaissances grammaticales à l'époque de la Renaissance.

La deuxième renferme tout ce que nous avons pu apprendre sur le grammairien Jean Pillot, les études qu'il a faites et les relations qu'il a entretenues.

La troisième est une étude approfondie du livre, des Doctrines qu'il contient, comparées à celles des principaux grammairiens du xvie siècle, et une appréciation des progrès que cet ensemble de doctrines a pu faire faire à cette science alors au berceau.

PREMIÈRE PARTIE

I. — Vicissitudes de la langue française pendant le moyen âge.

Notre langue, appelée à de si brillantes destinées, eut, comme toutes les grandes choses, des commencements difficiles. Née de celle des Romains, sous l'influence des invasions et des révolutions sociales qui suivirent le triomphe du christianisme, elle reçut d'abord le nom générique de langue romane. Comme la Gaule était divisée en plusieurs provinces, ayant des sentiments, des caractères et des besoins différents, cette langue se divisa en plusieurs dialectes, expressions animées de ces sentiments, de ces caractères et de ces besoins. Toutefois, parmi ces dialectes, deux principaux ont prédominé : celui du midi (langue *d'oc*, provençal, langue des troubadours), et celui du nord (langue *d'oïl*, langue des trouvères).

Pour ne nous occuper que de ce dernier, d'où notre idiome national tire son origine, voici, en quelques mots, comment ce nouveau langage se dégagea du latin.

Il garda le nominatif ou sujet et le cas régime. La formation de ce nominatif et de ce cas régime eut lieu, soit en vertu de l'accent latin, qui se déplace du nominatif au régime : *imperátor, imperere; imperatórem, impereor;* —

látro, lerre; latrónem, larron; — soit à l'aide d'une *s*, provenant du nominatif de la seconde déclinaison latine, tandis que le thème du mot sans *s* donna le régime *li fils,* de *filius; le fil,* de *filium; li chevals,* de *caballus;* le *cheval,* de *caballum.*

Au pluriel, *caballus* faisant *caballi, caballis, caballos,* nos pères ont dit : *li cheval* au nominatif, et *les chevals* au régime. On reconnaît là l'origine de notre signe du pluriel; et, comme la terminaison *als* se prononçait *aux,* on voit aussi pourquoi nous avons dit des *chevaux.*

Ces premiers principes, on le conçoit, influèrent puissamment sur notre syntaxe : sans être tout à fait synthétique, comme celle des Latins, elle fut cependant moins analytique que celle des Français modernes (1). Quand un mot était sujet ou attribut appartenant au sujet, on l'employa au nominatif; quand il était complément soit d'un verbe actif, soit d'un verbe neutre, soit d'une préposition, soit d'un autre substantif, on le construisit au régime : *li chevals l'empereor, le cheval de l'empereur; li brans Charlon et li Rolant, l'épée de Charles et celle de Roland.* C'est en souvenir de ces constructions primitives que nous disons encore : *Fête-Dieu, Hôtel-Dieu.*

Le latin fit prévaloir sa règle pour l'accord de l'adjectif, et la même terminaison servit pour les différents genres : *legalis* a donné *loials;* d'où l'on a dit : *uns hom loials; une femme loials;* ce qui explique la locution : *Lettres royaux,* et même notre expression : *grand mère, grand messe,* qu'on écrit à tort : *grand'mère, grand'messe.* L'adjectif nous conduit naturellement à l'adverbe : il se forme de l'ablatif *mente,* qui signifie *esprit,* mais à qui l'on donna le

____

(1) Ampère, *Hist. de la format. de la lang. franç.* p. 64, et Génin, *Hist. des variations du lang. franç.* p. 258 et suiv.

sens de *façon, manière*; uni à l'adjectif ce mot constitue les adverbes en *ment*, et, comme *mens* est féminin en latin, plus tard on fit accorder l'adjectif : *bonnement, saintement*; mais on a d'abord dit : *loialment*, puis *loyalement* (1).

Toujours à l'instar des Latins, la première personne du singulier ne prit point d's : je *voi*, je *vi* (video, vidi) (2); l'imparfait fut en *oie, oies, oit* : je *aimoie*, tu *aimoies*, il *aimoit*, qui représentent assez bien les désinences latines : *abam, abas, abat*. Les Normands mettaient un *e* à la terminaison, se rappelant plutôt les conjugaisons en *ebam, ebas, ebat*. Certains verbes de la première conjugaison subissaient au présent de l'indicatif une modification, qui change le son de la voyelle du thème : *je doin, tu doins, il doint*, de *donner*; *je ain, tu ains, il aint*, de *aimer*.

Il était aussi naturel que l'orthographe latine se conservât dans une foule de mots français, dérivés du latin : *testa, teste*; *tempestas, tempeste*; *amare, amer*; *alter, altre*; *gloria, glorie*. Toutefois, la prononciation fut différente dans plusieurs mots ; de tout temps on dit *autre*, bien que l'on écrivît *altre*; le son *eu* se figurait *ue*, il *puet* pour il *peut*; *cuer*, lisez *cœur*. On peut faire les mêmes remarques sur les syllabes *ex, iex*, qui se prononçaient probablement *yeux, dieux*.

Telle fut, en résumé, la condition grammaticale de la langue parlée en deçà de la Loire, dans les temps les plus reculés de son existence.

Mais, dès qu'on fut revenu des craintes superstitieuses de l'an mil, une nouvelle vie se répandit dans le monde, « l'Occident soulevé se précipita sur l'Orient sous le pieux

(1) E. Littré, *Hist. de la langue française*, tom. I, p. 9.
(2)   Id.   ibid.,   tom. I, p. 17.

prétexte des croisades (1), » le peuple revendiqua ses garanties municipales, le patriotisme se ranima dans les cœurs, et, l'amour de la patrie croissant, le besoin d'un langage commun se fit sentir. Dès lors, le dialecte de l'Ile-de-France, domaine et séjour de la royauté, prit les devants sur ceux de la Picardie, de la Normandie et du pays Wallon, à mesure que nos rois faisaient perdre à chaque seigneurie provinciale de son caractère féodal; car ce sont deux choses connexes que l'esprit national et la langue nationale, exerçant l'un sur l'autre une continuelle influence. Aussi, vit-on se former, au sein de notre pays, déjà « fort, homogène, avec ses mœurs et ses intérêts à part, un idiome à la fois commun et propre, qui n'était ni tudesque, ni latin, ni roman, mais qui provenait de ces trois sources (2) ; » néanmoins, l'élément latin y dominait encore. Un siècle suffit pour que ce langage gagnât du terrain, se popularisât, s'enrichît de mots nouveaux et devînt plus clair. Bientôt après « les excursions des glorieux chevaliers, qui le répandirent à travers le monde, le mirent en honneur en l'illustrant au dehors. La langue fut donc, entre le xiie et le xiiie siècle, changeante et si mobile, si rapide en sa marche, que l'espace de cent ans la modifie profondément (3). »

Toutefois, dès le xiiie, la langue ne tarde pas à prendre tous les caractères syntaxiques qui lui sont propres, et à en faire un plein usage. Possédant une régularité qu'elle n'avait pas dans l'âge précédent, elle développe et affermit les principes que nous avons exposés plus haut, et se montre particulièrement appropriée aux œuvres littéraires

(1) Francis Wey, *Hist. des Rév. du lang. franç.*, p. 55.
(2) Sainte-Beuve, *Tabl. de la poés. franç. au XVIe siècle*, p. 5.
(3) Francis Wey, *Hist. des Rév. du lang. franç.*, pp. 55 et 64.

si remarquables de ce temps-là. Pour ne parler que de la poésie, où elle brilla d'un vif éclat, il faut citer les *Chansons de geste* et le *Roman de la Rose*. Celles-là étaient des compositions que les jongleurs et les trouvères chantaient dans les réunions de jeunes gens, dans les assemblées populaires, mais surtout dans les assemblées des chevaliers et des barons, aux veilles des saints. C'est dans cette littérature, déjà vigoureuse et féconde, que l'idéal chevaleresque prend son essor, et que la langue déploie toutes ses ressources, pour célébrer *Dieu*, le *Roi* et la *Dame*. La première partie du *Roman de la Rose*, écrite par Guillaume de Lorris, n'est guère qu'une peinture gracieuse de détails mignards et d'idées voluptueuses. Avec Jean de Meung, la poésie, ainsi que la langue qui l'exprime, d'efféminée et galante devient philosophique, savante, pédante même à force d'érudition. Au rimeur érotique a succédé un libre-penseur, un esprit fort, qui se pique d'approfondir les secrets du cœur et ceux de la nature. Tout à l'heure, nous ne nous élevions pas au-dessus des descriptions et des naïvetés ; maintenant, la pensée de notre pays prépare la prépondérance de notre belle langue.

Déjà, en effet, elle devient européenne : les Allemands possèdent de nombreuses traductions de nos chansons de geste ; l'Espagne, puisant à cette source intarissable d'imagination et de poésie, traduit maintes de nos œuvres ; l'Anglais Mandeville écrit en français ses pérégrinations suspectes ; le Vénitien Marc Paul ses voyages consciencieux, Brunetto Latini de Florence son *Trésor*, Rusticien de Pise son roman de *Meliadus*, le Moraïte sa *Chronique*, et Martin de Canale son *Histoire de Venise* (1).

Mais, avec le xive siècle, « l'ancienne veine de poésie

(1) M. Mas de Latrie, *Bibliothèque de l'Éc. des Chart.*, t. II, p. 544.

et de production est tarie, il ne se fait plus rien d'original, on vit sur un passé qu'on remanie (1), qu'on affaiblit et qu'on oublie. » Bien plus, un discrédit croissant s'étend sur ces compositions, qui cessent d'être lues, goûtées et comprises. Alors aussi commence la corruption du langage. Le français, que nous avons vu langue à deux cas, tend à les perdre, et ce signe de sa parenté avec le latin va s'effacer entièrement. Les prépositions *a* et *de* remplacent souvent déjà les flexions casuelles du datif et du génitif; au lieu de dire : *li chevals l'empereor*, on trouve : *li chevals de l'empereor*. Et même, comme on ne voit plus pourquoi il y a deux terminaisons *emperere* et *empereor*, l'une devient superflue et périt, l'autre se contracte en notre diphthongue *eu : empereur*. Le mot latin *ille* se décompose définitivement en *il*, pronom singulier de la troisième personne, et *le*, article masculin singulier, qui fait *la* au féminin, et *les* au pluriel des deux genres. Le verbe reçoit un pronom qui lui sert de sujet. En un mot, la première syntaxe se transforme, et de synthétique devient de plus en plus analytique.

C'est aussi vers ces temps-là qu'il faut placer l'apparition de certaines irrégularités qui se sont perpétuées dans notre langue. Nous disons *moi qui parle, toi qui veux, lui qui vient, eux qui demandent : moi, toi, lui, eux* sont des formes de régimes employées ici comme sujet. Le vieux français, nous apprend M. E. Littré (2), ne commettait pas cette faute et disait : *je qui parle, tu qui veux, il qui vient, il qui demandent*. Rien donc d'étonnant qu'on dise aujourd'hui dans le style des affaires : *je, soussigné...* Citons encore les pronoms possessifs mis au masculin avec un nom fémi-

(1) E. Littré, *Hist. de la lang. franç.*, t. I, p. 250.
(2) *Hist. de la lang. franç.*, tom. I, p. 320.

nin commençant par une voyelle : *mon épée, mon âme,*
qu'on disait autrefois *m'espée, m'ame.* La lourde tournure
quelque... que... a déjà droit de bourgeoisie : *quelque coup
qu'il donne,* pour *quel coup qu'il donne,* s'est également
perpétuée. Nous lisons dans Girart de Rossillon :

« *Si sont heü* trop foul de faire le contraire, » pour
« *ils ont été* trop fous de faire le contraire, » c'est-à-dire
le verbe *avoir* avec l'auxiliaire *être ;* d'où nos paysans ont
conservé la locution vicieuse : *je suis été.* Du reste, en allemand et en italien, le verbe substantif forme par lui-
même une partie de ses temps composés : *ich bin gewesen,
ich war gewesen ; io sono stato, io era stato.*

On commença aussi à trouver fragile « la règle, qui faisait le féminin et le masculin semblables dans les adjectifs
dérivés d'adjectifs latins, où les deux genres n'avaient pas
de différence : *feal* de *fidelis, loyal* de *legalis, gentil* de
gentilis ; » mais le sentiment de cette différence, qui provenait du latin, comme celui des cas, ne pouvait durer,
« si les circonstances cessaient d'être favorables aux lettres, et si les troubles publics laissaient prévaloir les affini-
tés générales de la langue nouvelle (1). » Elles prévalurent ;
et c'est dans les xive et xve siècles que ce grand changement se remarque décidément. Ainsi la règle des adjectifs,
tantôt est observée, tantôt fait place à la règle moderne ;
mais cette dernière tend à s'établir :

« A la foire, *gentil* marchande (2). »

Ailleurs, au contraire ;

« Et ne savez-vous revenir
» A votre propos, sans tenir
» La court de *telle* baverie (3) ? »

(1) E. Littré, *Hist. de la lang. franç.,* tom. II, p. 12.
(2) Farce de *l'avocat Patelin,* v. 65.
(3)   Id.   v. 1283.

La plupart des contractions du français moderne se trouvent déjà en usage dès le xve siècle : *gagner* pour *gaagner*, *reançon*, de *redemptio*, s'écrivait et se prononçait *rançon*; *meür*, de *maturus*, mûr; *seür*, de *securus*, sûr. Il en est de même de l'*e* muet de certains adverbes : *hardiement*, *vraiement*, toujours écrits ainsi, mais prononcés quelquefois en trois syllabes :

> « Si me desmentez *har-die-ment* (1). »

Plus tard seulement cet *e*, devenu inutile, disparaîtra dans l'orthographe.

Dans les imparfaits en *oie*, on faisait sonner *ie*, comme aujourd'hui certaines gens, qui disent : je *paye* pour je *paie*; mais, dès le xive siècle, on ne compte plus l'*e*, surtout à la troisième personne du pluriel : *prenoient, voioient, amoient*, ne sont plus définitivement que deux syllabes. L'orthographe *ois* est encore une exception qu'on relève une ou deux fois dans la farce de *Patelin*. Chose bizarre ! on a d'abord écrit *donnet il, aimet il*, qu'on prononçait sans faire sonner le *t* final ; puis, aux xive et xve siècles, on a dit et écrit *donne il, aime il*, en attendant que le xvie rétablît le *t* dans la prononciation, et enfin dans l'écriture.

La prose française eut à peu près les mêmes destinées que notre poésie. Brillante au xiiie siècle, sous la plume de nos chroniqueurs, Villehardoin et Joinville, elle se soutint à un assez haut degré de précision et de clarté dans les récits de Froissart, de Monstrelet et de Juvénal des Ursins. Mais, malgré ces écrivains, elle ne jeta jamais un aussi vif éclat que notre langue poétique. La raison en est facile à saisir. Elle fut, par les discussions philosophiques

____

(1) Farce de l'*avocat Patelin*, v. 74.

et religieuses de la scolastique, asservie au latin barbare de ce temps-là ; garrottée, en quelque sorte, pendant des années précieuses pour son développement, « elle fut réduite à plier, à s'envelopper d'une obscurité protectrice (1). » Le clergé s'efforçait de faire sentir cette influence du latin jusqu'en dehors des murs de l'école : non-seulement les leçons, les examens, avaient lieu en latin ; à Paris même, aucune chaire n'avait été consacrée à la culture des lettres nationales ; mais encore la langue vulgaire, bannie de tous les actes publics, n'eut d'autre refuge, pour ainsi dire, que les édits de nos rois et les mémoires des chroniqueurs.

Quoi qu'il en soit, comme on n'étouffe pas une langue, qui est toujours le produit des institutions, des mœurs et du génie d'un peuple, elle fit dans la suite de nobles efforts pour secouer le joug des écoles avec Philippe de Maizières, Antoine de la Sales et Villon. Ce spirituel enfant de Paris lui communiqua cette vivacité plaisante de la raison, ce sens du ridicule, cette puissance de dérision, qui doivent, au siècle suivant, se perfectionner avec tant d'éclat dans Marot, Rabelais, Amyot et Montaigne.

On le sent, une réaction se prépare. « Bien que pesante et craintive encore, altérée de plus d'un méchant alliage, dominée par le latin, soumise à l'empire des textes religieux (2), » la langue tend de loin à l'unité, comme la constitution sociale, à l'indépendance de ses allures, comme l'esprit et la pensée.

Pour que cette réaction s'accomplisse, il ne faut plus que deux événements, auxquels nous touchons : la Renaissance des Lettres classiques et la Réforme. C'est par ces

(1) Francis Wey, *Hist. des Rév. du lang. franç.*, p. 163.
(2) Francis Wey, *Hist. des Rév. du lang. franç.*, p. 228.

deux faits, si féconds en conséquences, que s'ouvre l'immortel xvi° siècle.

II. — La Renaissance et le Génie français.

Ce nom seul, ce nom consacré par la postérité, caractérise et glorifie le xvi° siècle. Renaissance de la pensée, qui prélude par la réforme religieuse à la liberté des peuples ! Renaissance de la langue, qui se retrempe au contact des modèles de l'antiquité ! Renaissance de la peinture et de la sculpture, qui brillent d'un nouvel éclat sous le pinceau de Jean Cousin et le ciseau de Jean Goujon ! Renaissance de l'architecture, qui remplace les noires forteresses féodales par Madrid, le charmant manoir du bois de Boulogne ; Fontainebleau, la délicieuse retraite de nos rois ; Chenonceaux et Chambord, ces merveilles de la Touraine et de la Sologne ! Renaissance enfin des mœurs polies, qui devinrent une nécessité à la cour élégante et somptueuse du roi chevalier !

Quelles prodigieuses nouveautés viennent tout à coup solliciter l'imagination et l'espérance humaines ! Le monde est agrandi de moitié par le génie et l'audace des grands navigateurs ; les bornes de l'inconnu sont reculées ; la découverte de l'imprimerie double les forces de la pensée en lui prêtant des ailes : voilà l'œuvre de l'esprit devenue immortelle, et l'étincelle de l'intelligence se change en un vaste foyer d'où rayonnent la lumière et la chaleur jusqu'aux extrémités de la terre.

Et dans cette grande révolution, quel sera le rôle du génie français ? Comment se modifiera-t-il au milieu de ce renouvellement de toutes choses ? D'abord, c'est comme une ivresse qui lui donne le vertige, les barrières sont brisées, les idoles renversées ; sur les débris des anciennes

croyances plane le doute ; la science prise à trop forte dose
gonfle les esprits d'un orgueil exagéré ; on espère accom-
plir l'œuvre du temps en un jour ; on prétend improviser
la perfection partout à la fois, en poésie, en philosophie,
en éloquence, en grammaire. Le but ne fut pas atteint
sans doute ; mais n'allons pas dire que les efforts furent stériles pour avoir échoué. Une si puissante impul-
sion donnée à l'esprit ne pouvait pas être vaine, et toutes
les défaites essuyées alors doivent compter comme des
victoires, puisqu'elles ont préparé le triomphe de l'avenir.
Le génie français vient de s'abreuver à la source féconde
des muses, il a épuisé à longs traits cette coupe de la
science, il a fait passer dans ses veines le génie du monde
entier ; mais la fièvre suit d'abord cette soudaine inocula-
tion. Il faudra du temps, plus d'un siècle, avant qu'il se
soit assimilé ces éléments universels : et c'est précisément
un des côtés de ce siècle d'assimilation que nous nous
proposons d'étudier.

III. — Universalité de la langue française.

En 1515, François Ier monte sur le trône. « De tous
côtés arrivent des félicitations poétiques, des ballades,
des chants royaux (1). » Le fils d'un poëte et valet de
chambre de la cour, un page de vingt ans, vient présenter
au jeune monarque un traité d'amourettes, sous le titre de
Temple de Cupido. Ce jeune homme était Clément Marot.
Le roi accueillit et encouragea ce premier essai, car il avait
reconnu dans les vers de son page les véritables caractères de l'esprit français : la fine raillerie et la tendance à
l'universalité.

(1) Sainte-Beuve, *Tableau de la Poésie française au* xvie *siècle,*
p. 19.

François Ier aida le développement de ce double caractère, en faisant lui-même quelques vers pleins de finesse, et en rendant, par l'édit de Villers-Cotteret (1539), la langue française obligatoire dans les tribunaux. Déjà, en 1529, le Collége de France avait été fondé, avec l'injonction « de par le Roy » à tous les lecteurs et professeurs royaux de ne parler dans leurs cours que la langue française. Le roi d'Angleterre, Henri VIII, aime à s'entretenir en français avec ses courtisans ; le français enfin fait les délices de l'empereur d'Allemagne ; c'est désormais la langue du droit et de la diplomatie, la langue universelle en Europe (1).

Jusqu'à la mort de François Ier (1547), notre idiome resta constamment fidèle à l'esprit de son origine ; on y reconnaît la grâce de Charles d'Orléans, la verve gauloise du *Roman de la Rose* et la malice parisienne de Villon.

IV. — **Réforme dans la langue et dans l'orthographe.**

Mais sous Henri II, il n'en fut pas ainsi. Ce prince eut beau, comme son père, aimer la langue nationale et l'esprit qu'elle reflétait, il ne put arrêter ce courant d'idées réformatrices qui envahissaient tout.

Thomas Sibilet publie un *Art poétique*, où sont réunis les préceptes de l'antiquité ; Joachim Du Bellay, dans son *Illustration de la langue française*, qui est comme le manifeste de cette révolution littéraire, déclare qu'il faut par des moyens nouveaux se frayer un chemin à la gloire.

(1) Voir sur l'*Universalité de la langue française* :
1° L'*Essai* d'Allou, Paris, 1828 ;
2° La *Dissertation de Schwab*, traduite en français en 1803 ;
3° Francis Wey, *Hist. des Rév. du lang. fr.*, p. 437 et 438 ;
4° Le *Mémoire de Rivarol*, couronné par l'Académie de Berlin, en 1784 (t. II de ses œuvres complètes).

Sous sa bannière s'enrôlent Pierre Ronsard, Pontus de Thiard, Remi Belleau, Estienne Jodelle, Jean-Antoine de Baïf, Jacques Tahureau, Guillaume des Autels, etc... Tous ces érudits, génération studieuse et ardente, se passionnent pour les chefs-d'œuvre grecs et latins; ils cherchent à les transporter, tant pour la forme que pour le fond, dans les créations nouvelles, et l'idiome français, qui jusqu'alors avait si heureusement traduit l'esprit enjoué des Gaulois, voit s'élever, sur ses fondements encore mal affermis, une langue savante et pédantesque, qui abonde en néologismes, et disparaît presque sous un chaos sonore de vocables homériques et virgiliens.

Quoi qu'il en soit, l'erreur de Du Bellay et de Ronsard, erreur qui atteste une rare vigueur de talent, une certaine érudition et une conception forte du beau, a enrichi la langue d'une foule de mots nouveaux, qui, plus tard, devaient contribuer à sa gloire. L'importation a pu quelquefois être violente, on a pu crier à une seconde invasion romaine; mais, pour être juste, il faut reconnaître que cette invasion de mots grecs et latins devait répondre à une foule de besoins, qu'on ressentit dans la suite, et qu'elle laissa des traces vives et profondes, l'une des plus grandes richesses peut-être de la langue immortelle des Pascal, des Bossuet et des Fénelon ! C'est l'élément classique du xiv° siècle , préconisé par la Pléiade, et habilement fondu avec l'idiome alerte et pittoresque de Villon et de Clément Marot, qui nous a valu, écrites dans la même langue avec un rare bonheur d'expressions, des œuvres d'un caractère si varié : l'éloquence toute latine du *Discours sur l'histoire universelle*, la prose grecque et poétique du *Télémaque*, l'agilité et la souplesse gauloises des *Lettres provinciales*.

La réforme orthographique date à peu près du même temps que la réforme littéraire. En 1545, dans son *Traité touchant le commun usage de l'escriture françoise*, Louis Meigret lève l'étendard de la révolte grammaticale : « Je ne voy point, dit-il, de moyen suffisant, ni raisonnable excuse pour conserver la façon que nous avons d'escrire en françois (1), » parce que « pour la confusion et abus des letres, elles ne quadrent point entièrement à la prononciation. » Aussi, « a-t-il faict finablement diligence de trouver les moyens, suivant lesquelz on pourra user d'une escriture certaine, ayant tout seulement égard à la prononciation françoise et à la nayve puissance des letres (1) ». Dès l'année 1547, Jacques Pelletier du Mans publia son *Dialogue de l'orthographe et de la prononciation françoise* où il fit des tentatives, moins hardies sans doute que celles de Meigret, mais auxquelles manqua aussi le « succès, qui seul pouvait les justifier » (2).

Meigret et Pelletier rencontrèrent un adversaire passionné dans la personne de Guillaume des Autels, sous le pseudonyme de Glaumalis de Vézelet. Ce qui rendait surtout le système des réformateurs attaquable, c'est qu'il reposait sur un principe incomplet, la prononciation, et ne tenait aucun compte de l'étymologie, sans laquelle il n'y a point d'orthographe rationnelle. Des Autels comprit et signala ce vice radical; Meigret répondit avec amertume, se laissa même entraîner à des vivacités regrettables, et l'on peut dire que tous deux tombèrent dans une exagération facile à prévoir (3).

(1) Meigret, préface de son *Traité touchant l'Escriture*.

(2) Ch. Livet, *Grammaire et grammairiens français au* xvie *siècle*, p. 143.

(3) L'histoire de cette polémique a été supérieurement tracée par M. Livet, *Hist. de la Gram.*, p. 134 et suiv.

Du choc de ces deux doctrines ne jaillit point la lumière de la vérité; car, en 1567 (1), le célèbre professeur Pierre Ramus, dans sa *Grammaire françoise,* reprit et développa le système réformateur de Meigret et de Pelletier, trop absolu pour réussir. Cette réforme de l'orthographe, qui se liait jusqu'à un certain point à la grande réforme poétique, fut applaudie par du Bellay et Ronsard; mais ils ne la pratiquèrent jamais. Jean Pillot lui donna quelques mots sympathiques et en profita dans ce qu'elle pouvait avoir de bon (2).

En effet, les essais de réforme orthographique, comme les tentatives de réforme littéraire, eurent une heureuse influence sur notre langue : ils contribuèrent à la débarrasser d'une foule de lettres muettes, destinées à modifier la prononciation ; de plus les réformateurs fixèrent, dans leurs utopies orthographiques, le son régulier de certaines syllabes, qui se prononçaient différemment, suivant la contrée (3). En un mot, ils commencèrent cette œuvre de conciliation entre la prononciation et l'étymologie, qui, deux ou trois siècles après, devait aboutir à notre orthographe actuelle.

On comprend que les réformes tentées au milieu du xvie siècle durent jeter une grande confusion dans notre langue encore incertaine, et égarer souvent l'esprit de ceux qui voulaient parler et écrire correctement l'idiome de leur pays. Aussi, reconnaîtra-t-on facilement le service que devait rendre en ce temps-là, quelque imparfait qu'il fût, un essai de grammaire nationale.

(1) Date donnée par M. Waddington Kastus, dans sa thèse latine sur *Ramus,* p. 185.

(2) Voir IIIe partie, p. 79.

(3) Voir à ce sujet les *Thèses de grammaire* de M. B. Jullien.

V. — **La Grammaire au moyen âge.**

Jusqu'alors, en effet, la science grammaticale se réduisait à bien peu de chose. C'est que, durant le moyen âge, la langue française, nous l'avons vu, a subi une foule de vicissitudes ; et il fallait attendre qu'elle fût, je ne dis pas fixée, une langue ne l'est jamais (1); au moins qu'elle fût popularisée par quelques écrivains de génie : la littérature avait, comme c'est naturel, précédé de beaucoup les grammairiens.

Ainsi, chez les Grecs, les premières traces d'études grammaticales apparaissent dans le *Cratyle* de Platon et dans le traité de l'*Interprétation* d'Aristote ; mais la grammaire ne forma pas une science à part avant l'École d'Alexandrie.

Il en a été de même pour la langue latine : à Rome, les grammairiens n'ont paru que longtemps après la belle époque littéraire ; la littérature romaine avait même déjà plus de deux siècles d'existence, quand Ælius Stilon, Servius, Clodius, Varron, Verius Flaccus, et Julius Hyginus s'occupèrent d'études grammaticales (2).

En France aussi, que la grammaire eut de peine à se séparer de la philosophie et de la critique ! Ceux qui, au moyen âge, firent profession de grammairiens, si toutefois ce n'est pas abuser que de les appeler ainsi, étudièrent surtout le latin en latin et sur des textes latins, comme ceux de Donat et de Priscien, ou sur les commentateurs ou abréviateurs de ces grammairiens anciens. « On y joignait des extraits de Cicéron sur les figures et l'*Art poétique*

(1) «*Multa renascentur quæ jam cecidere, cadentque,*
Quæ nunc sunt in honore vocabula... »

Hor. Ep. ad Pis. v. 70.

(2) Voir E. Egger, *Apollonius Dyscole*. Paris, Aug. Durand, 1854.

d'Horace avec un commentaire attribué à Servius. Cette provision était un peu courte, on le voit ; et l'habitude qu'on avait alors de *moraliser* tout, même la grammaire, devait rendre l'instruction plus pénible encore (1). »

Toutefois, comme la langue provençale, plus tôt constituée que la langue du Nord, s'éleva dès le XIIIᵉ siècle aux délicatesses d'un idiome littéraire, elle eut, vers le même temps, ses grammairiens. M. François Guessard a publié le plus ancien de leurs traités grammaticaux, celui de Hugues Faidit, en 1839, dans la seconde livraison de la *Bibliothèque de l'École des Chartes*. Ce n'est guère qu'une compilation de la grammaire latine. Celui de Raymond Vidal, dû également aux soins intelligents de M. Guessard, renferme, au milieu d'une foule de fantaisies, quelques règles vraies et utiles, qui mirent dans la bonne voie. M. Littré les a réunies, en faisant remarquer « que la grammaire de la langue d'oïl et de la langue d'oc n'est point une hypothèse, puisque dans le XIIIᵉ siècle deux auteurs en ont tracé les traits principaux (2). » Sans doute ; mais ces essais, quelque intéressants qu'ils soient aujourd'hui, peuvent-ils faire reconnaître à ces temps reculés des préten-

(1) Voir là-dessus la thèse de M. Thurot, sur *Alexandre de Ville-Dieu*, et B. Jullien, *Rev. de l'Inst. publ.*, 11 juin 1863. — On appelait *moraliser une science*, trouver dans les noms techniques un certain nombre d'allégories, fort étrangères à la science elle-même, qu'on appliquait à la religion, à la morale, à la vie éternelle. M. Vict. Le Clerc, dans son remarquable discours sur l'*Etat des Lettres en France au XIVᵉ siècle*, rapporte cet exemple : « *Qu'est-ce que le pronom ?* Le Donat moralisé donne cette réponse : *Homme* est ton nom, *pécheur* est ton *pronom*. Ainsi, lorsque tu pries devant Dieu, ne te sers que du pronom et dis : O père céleste, je ne t'invoque point comme homme, mais j'implore ton pardon comme pécheur. La pensée peut être très-salutaire sans doute ; mais elle ne se rapporte aucunement à la grammaire et ne peut qu'embarrasser et ralentir l'étude d'une langue.

(2) *Hist. de la lang. franç.*; t. II, p. 423 et sq.

tions grammaticales? Franchement, nous ne le croyons pas.

A bien prendre, le moyen âge n'eut pas de grammaire. Privés de règles fixes, les peuples avaient seulement des habitudes de langage et d'écriture, que Gustave Fallot, et, après lui, Leroux de Lincy se sont efforcés de réunir en corps de doctrines (1); par exemple, la fameuse règle de l's, qui consistait à placer une s au singulier de chaque substantif, quand il était sujet de la phrase, et à la supprimer au pluriel dans le même cas (2). Mais il ne faut voir là qu'un vestige de la déclinaison des Latins : *Dominus, Domini, Dominum*. Une fois sur cette pente, on ne s'est plus arrêté : » on eut la règle du *t*, la règle de l'*m*, la règle du *g*, la règle du *c*, la règle de l'*f*, etc... (3) » M. Leroux de Lincy a aussi construit une théorie de toutes les parties du discours d'après le français du moyen âge, théorie précieuse à consulter pour les philologues, mais qui prouve bien que dans ce temps-là on ne connaissait pas de traités grammaticaux proprement dits de l'idiome national.

VI. — La Grammaire au XVIe siècle.

Mais avec le xvie siècle, « la grammaire commença, comme tant d'autres choses, à prendre une face nouvelle. On sortit d'abord des routes battues par l'antiquité, c'est-à-dire qu'on ne s'occupa plus seulement du grec et du latin (4), » et l'on « comprit que le peuple destiné à devenir le propagateur des idées, l'apôtre infatigable de la civilisation,

(1) Voir *Documents sur l'Hist. de France*, année 1841, où M. Leroux de Lincy expose les principes grammaticaux de la langue des xiie et xiiie siècles.

(2) Voir plus haut, p. 8.

(3) Expression de M. Guessard lui-même.

(4) B. Jullien, *Coup d'œil sur l'Hist. de la grammaire*, p. 7.

avait besoin, plus que jamais, d'une langue logique, régulière, universelle (1). » Quand surtout François Ier eut fait de la langue française celle des actes civils et judiciaires, beaucoup d'écrivains la prirent pour objet de leurs études.

Aussi, en 1529, parut le *Champfleury* de maître Geoffroy Tory, qui atteste la tendance des esprits, et qui révèle un besoin plutôt qu'il ne fait de la grammaire son objet spécial (2). En juillet 1530, était publié en Angleterre, et en langue anglaise, l'ouvrage remarquable de Palsgrave (3). Mais nous n'avions toujours pas de grammaire nationale, lorsque Jacques Dubois d'Amiens, dit *Sylvius,* médecin et professeur (4), publia, en 1531, notre premier traité grammatical, sous le titre de : *In linguam gallicam isagoge...* En l'année 1539, le savant imprimeur Robert Estienne donna un *Dictionnaire français-latin,* fort apprécié à cette époque, œuvre que Jean Pillot traite de « médiocre, » et de laquelle pourtant il n'a pas craint de tirer, « presque mot pour mot » (5), la dernière partie de sa grammaire *sur les parties indéclinables.* L'année suivante, 1540, ce même Robert Estienne imprima quelques pages sur la *conjugaison des verbes français,* qui ont certainement pu guider Pillot, comme nous verrons, pour ses paradigmes de verbes ; mais qu'il a complétées par certaines observations précieuses. Le fameux réformateur Louis Meigret, de Lyon, fit paraître, en 1545, son traité de l'*Escriture françoise,* que

(1) Demogeot, *Hist. de la littérature française,* p. 259.

(2) Voir sur Geoffroy Tory les recherches d'Aug. Bernard.

(3) Voyez dans l *Hist. des Rév. du lang. en Fr.,* par M. Wey, p. 262-275, une analyse très-développée de cet ouvrage presque introuvable aujourd'hui.

(4) Voyez B. Jullien, *Coup d'œil sur l'Hist. de la gram.,* p. 10.

(5) Pillot, *Gallicæ linguæ institutio,* dernière page de l'édition de 1550.

soutint et développa, comme nous l'avons vu (1), Jacques Pelletier, du Mans, dans son *Dialogue sur la prononciation et l'orthographe*, 1547. Enfin, en 1548, le traité de l'*Escriture françoise* était repris et expliqué avec de nouveaux détails par le même auteur, dans son *Tretté de la grammère françoeze*. Nous pouvons bien encore ranger parmi ces grammairiens, Etienne Dolet, né à Orléans, en 1509, brûlé à Paris en 1546, comme coupable d'athéisme, qui donna, en 1540, un petit volume contenant trois traités : 1° sur la manière de bien traduire ; 2° sur la ponctuation ; 3° sur les accents (2).

Ici s'arrête la liste des ouvrages de philologie publiés dans la première moitié du siècle. En somme, nous n'y trouvons que deux grammaires : l'une, celle de Dubois, encore informe, où l'auteur ne fait, pour ainsi dire, que se traîner à la suite des latins, et dont le principal mérite est d'avoir inauguré une science nouvelle ; l'autre, celle de Meigret, œuvre d'un esprit audacieux, expression d'un système trop absolu pour réussir, bien que « l'usage lui ait souvent donné raison contre un principe dont il est fâcheux de voir l'orthographe se départir, le respect de ces consonnes caractéristiques, qui conservent la tradition des étymologies (3). »

Comme le principal défaut de tous les grammairiens du xvi⁰ siècle, nous l'avons déjà fait pressentir, est de s'être montrés plus philosophes que praticiens, et de s'être jetés dans des abstractions scientifiques, voulant toujours assimiler le français à une langue morte, nous sommes contraint, pour bien saisir le point de départ et le plan de

_____

(1) Page 20.
(2) Voir B. Jullien, *Coup d'œil sur l'Hist. de la gram.*, p. 11.
(3) Ch. Livet, *Gram. et Gram. franç. au xvi⁰ siècle*, p. 63.

leur œuvre, d'entrer dans quelques détails, en quelque sorte techniques, sur le langage de cette époque, dont ils voulaient formuler les lois.

VII.—État grammatical de la langue sous François Ier.

Quand on examine avec attention l'état grammatical de la langue sous le *père des Lettres,* la première remarque qui se présente à l'esprit, c'est que les consonnes dominent, destinées pour la plupart à rappeler l'étymologie, ou à fixer la prononciation encore incertaine. C'est cette superfluité de signes orthographiques qui engagea probablement Meigret et Pelletier à tenter d'écrire les mots comme on les prononçait. Aussi les grammairiens, qui ont nettement posé les règles de la prononciation et de l'accent tonique, ont-ils puissamment secondé, quoique indirectement, l'entreprise des réformateurs.

Les consonnes dans les mots peuvent occuper trois places : elles sont initiales, médiantes ou finales.

1º *Initiales.* — Pour adoucir sans doute la prononciation, dans les mots tirés de vocables latins, commençant par une double consonne, comme *st, sp, sc...* les savants préposèrent un *e,* et ainsi on a fait de *spatium espace,* de *spiritus esprit,* de *species espèce.* Du reste, les dialectes méridionaux, fait remarquer M. Génin (1), recherchent cet *e* euphonique ; les Espagnols disent : *espectaculo, esqueleto.* Mais, sans aller si loin, nos savants d'alors n'ont-ils pas été conduits à cette euphonie par le français populaire, qui mettait toujours cet *e?* Aujourd'hui encore, dans nos campagnes, que de gens disent : un *espectacle,* une *espécialité!*

____

(1) *Hist. des Variations du langage français.*

Le *P* initial, suivi d'une consonne dure, se supprimait au moins dans la prononciation, et plus tard il a disparu dans l'orthographe ; on a dit, puis écrit : *tisane* pour *ptisane*, de *ptisana*, et, s'il faut en croire Ménage, même de son temps, le clergé seul prononçait *psaume* et *psautier*, bien qu'on dît : *psalmodier* et le *psalmiste*. La raison en est facile à saisir : *tisane* était le plus souvent dans la bouche du peuple, *psaume* dans celle des savants.

A part ces quelques exceptions, la consonne initiale se prononçait dans notre langue comme dans le mot latin, dont le nôtre tirait son origine.

2° *Médiantes*. — « Les Français émettent toutes les lettres avec une sorte de mollesse et de négligence. Leur langue est si antipathique à toute prononciation rude que, sauf le *c*, *l'm*, *l'n*, *l'r* redoublés, ils ne font jamais sentir deux consonnes de suite. Leur manière de prononcer, rapide et mobile, comme leur génie, ne se heurte jamais au concours de consonnes, ni ne s'attarde guère sur des syllabes longues. Une consonne finit-elle un mot? Elle se lie à la voyelle initiale du mot suivant ; de sorte qu'une phrase entière glisse comme un seul et unique mot (1). » Ainsi *B* disparaissait devant *s*, *t*, et l'on disait, comme aujourd'hui dans les campagnes, *ostination* pour *obstination; debte* se prononçait *dette*, et *sceptre* rimait avec *ancêtre*. Selon Maigret, il disparaissait devant l'*u* consonne (*v*) : *ovier*, et non *obvier; f* ne se rencontre jamais devant *u* consonne : *brief, brièvement : gn* sonnait comme *n*, nos paysans disent encore : *assiner*, pour *assigner;* La Fontaine, « qui fréquentait chez nos vieux auteurs, » fait rimer *maligne* avec *machine* (2). Meigret pourtant reconnaît le son adouci

(1) Théodore de Bèze, *de Francicæ linguæ recta pronunciatione.*
(2) Fables, vi, 15.

de l'*n*, pour l'indication duquel il voulait *ñ*. Les deux *ll* entre deux voyelles étaient, comme aujourd'hui, toujours mouillées, car *elle*, pronom féminin singulier, s'écrivait *ele*. Les *m* ou *n* redoublés ne rendaient pas la voyelle précédente brève et ouverte; on écrivait *femme, fanme; diligemment, diligenment; grammaire, granmaire* (1) : c'est du reste encore, sinon l'orthographe, au moins la prononciation méridionale. Toutefois *fame* et *ame*, orthographe déjà ancienne, prouvent que de bonne heure ces deux mots firent exception à la règle.

Comme les Français se montraient fort curieux de l'euphonie, et que *l* et *r* sont très-durs à la première place, coulants à la seconde, on les transposait, ou bien on les supprimait : *arbre, marbre, quartier*, ont fait *abre, mabre, quatier; coulpe* se prononçait *coupe* et *sépulcre* s'est souvent écrit *sépucre*. Remarquons encore que la suppression de la liquide *r* amenait souvent sa transformation : pour *parler, hurler*, on a dit quelquefois : *paller, huller*, ou plutôt *uller* de *ululare*.

3° *Finales*. — La règle voulait qu'on ne fît jamais sentir la consonne finale, à moins qu'elle pût se réunir à la voyelle initiale du mot suivant; et cela est parfaitement conforme au principe que formula Théodore de Bèze, en 1584, et que nous avons cité plus haut. Examinons donc les consonnes qu'on rencontrait à la fin des mots.

Jamais le *B*, du moins dans les mots d'origine française; le *c* se changeait quelquefois en *l*: rue de l'*Arbre-sel*, mais il est resté dans beaucoup de mots : *sac, roc*, etc... (2). Le *d* était

(1) Témoin le mot de Martine, dans les *Femmes savantes*, act. II, sc. 6. Voyez aussi les *Essais* de Dangeau, qui écrivait encore *granmaire*.

(2) Voir sur ces intéressantes questions, Génin, *Hist. des Variations du lang. franç.*

employé pour *t*, et sonnait de même, comme de nos jours : *grand escalier*. L'*f* se supprimait souvent, ou au moins ne se prononçait pas : *ché* pour *chef* ; *toi* rimait avec *soif*, le peuple dit encore : *habit neu* pour *habit neuf* ; nous trouverions *neuf hommes* trop dur et nous disons, comme déjà au XVe siècle, *neuv hommes*. *G* se rencontrait souvent sans raison étymologique, comme dans : *ung besoing* ; cette orthographe du moyen âge s'était maintenue dans un temps où la pédanterie des consonnes inutiles était une affaire de mode. *H* n'est final d'aucun mot français ; c'est par imitation, et non par étymologie, que cette lettre adoptée par les Latins, a été employée chez nous, mais seulement au commencement ou dans le corps des mots (1).

L à la fin des mots terminés en *al, el, ol*, sonnait *au, eu, ou*, s'ils n'étaient suivis d'une voyelle ; c'est, du reste, la prononciation que les modernes ont adoptée, et ainsi se trouvent rétablies l'analogie et la régularité entre le singulier et le pluriel : un *chevau*, des *chevaux* ; le *cieu*, des *cieux* ; un *fou*, des *fous*. Bien des paysans disent encore : un *chevau*. Tout le monde connaît les deux vers de François I :

> « Souvent femme varie,
> Bien *fol est* qui s'y fie. »

Deux *ll*, à la fin des mots, avaient le son de *ei* ou *ai* : con*sell*, ami*rall*, se prononçaient con*seil*, ami*rail*, tandis qu'on disait la ville de *Luxeu* pour *Luxeuil*. *M, n*, disparaissaient souvent : *mossieu, Momorency* ; *em* ou *en* sonnaient toujours *an* : *Sens, Caen, Rouen, Jérusalem* se disait : *Jérusalan*, etc.

P final ne se faisait jamais entendre, et il était rare

____

(1) Voir ce qu'en dit Pillot, IIIe partie, p. 75.

qu'on l'écrivît suivi d'une consonne : *temps, corps, draps* étaient *tens, cors, dras* avant le XVIe siècle ; mais à l'époque qui nous occupe la consonne étymologique commençait à reparaître.

Q n'est final que dans *coq* et *cinq,* où il a le son de *c* dans *roc* et *sac.*

R final était muet, même suivi d'une *s :* la rue aux *Oues* (oies) est devenue rue aux *Ours. R* final comme *l* final, avaient cette influence sur *a* et *e,* de les changer en *au* et *eu :* Gérard se prononçait Géraud ; cependant *lard* rimait avec *gras.*

S ne se faisait pas sentir à la fin des mots : ceux qui disaient des *verses* et *le course* pour des *vers* et le *cours* étaient alors, comme aujourd'hui, ridicules, à moins d'habiter la Canebière. *T* est, comme *s,* resté muet à la fin des mots. *V,* substitué complétement par Ramus à *u* consonne, était par l'usage seul distingué de l'*u* voyelle ; toutefois, dès le XIIe siècle, dans la traduction du *Livre des Rois,* on trouve l'*u* consonne surmonté de deux petits traits verticaux dans le genre de l'adoucissement allemand (1). *U* final était, selon le mot suivant, ou voyelle ou consonne ; on disait même, selon le besoin de la mesure : j'*averai* ou j'*auerai.* C'est du reste une imitation des Latins.

X représentait d'abord deux *ss : paix, poix* donnent *pacifier* et *poisser.* Même à la fin du XVIe siècle on disait : *Alessandre, Massime,* que Henri Estienne blâme comme autant d'italianismes.

Z donnait à l'*e* le son de l'*é ;* nous avons conservé *nez,* et nous disons : des gens bien *nés.* Dans la première moitié du siècle, on écrivait *bontez* ou *bontés.* Nous verrons

(1) *Documents sur l'Histoire de France, année* 1841.

plus loin (1) que Jean Pillot a, le premier, judicieusement élevé la voix pour réclamer l'*s* comme signe du pluriel.

Deux consonnes finales étaient muettes devant une consonne ou avant un repos. Quand une voyelle suivait sans repos intermédiaire, une seule, la pénultième, quand c'était *l* ou *r*, se détachait sur la voyelle initiale du mot suivant. Théodore de Bèze atteste qu'on prononçait : *il ont dit, i disent ;* aussi, rien de plus fréquent que les rimes en *i* dans notre vieille langue ; *ennemi* et *venin; avis* et *provins.* On écrivait, mais plutôt, nous croyons, à cause de l'étymologie : j'ai *prins,* sur*prins ; prinse* rime avec *mise,* et l'usage ici suit la raison étymologique.

CONSONNES EUPHONIQUES.

Nous savons déjà que les Français sacrifiaient tout à l'euphonie ; c'est pourquoi, vers ce temps-là ils tâchaient d'établir une « répartition si régulière des voyelles et des consonnes, que jamais la langue ne fût amollie ni précipitée par la fluidité des unes, jamais non plus endurcie ni entravée par la résistance des autres (2). » Si, par l'effet d'un instinct d'harmonie, on avait pris tant de précautions pour les consonnes consécutives, il y avait aussi à prévenir le concours des voyelles. C'est ce qu'on fit en glissant dans l'intervalle une consonne euphonique, toujours prononcée, mais quelquefois omise dans l'écriture. Par exemple : *D,* de*d*ans, composé de la préposition *de* et *ens* avec le *d* euphonique intercalaire ; *L,* « je me veu*il* confesser, dit-il. » *N* est employé euphoniquement, comme le *ν* des Grecs : « Karles l'entend, ne dist *nen o ne non.* » On trouve encore : ain*s*in, a*m*in, pour ain*s*i, a*m*i. *S,* la plus employée

<hr>

(1) IIIe partie, p. 90.
(2) Théodore de Bèze, *de Franciœ linguœ recta pronunciatione.*

des consonnes euphoniques, était donnée aux voyelles finales, que l'étymologie laissait découvertes : « Et le comte aus*sis* y ala. » Marot écrit la *fourmis* (1). *S* servait aussi, dès le xvie siècle et même avant, de consonne euphonique à des premières personnes du singulier des verbes; je *suis* s'est d'abord écrit : je *sui*. Cet archaïsme s'est conservé à titre de licence dans la poésie, et l'on trouve : je *croi*, je *voi* dans La Fontaine, dans Molière et même dans le pur Racine.

Si l'*s* était la finale euphonique des premières et des deuxièmes personnes, *t* caractérisait la troisième, sans aucune exception ; toutefois, on ne l'écrivait pas encore en 1550, du moins dans tous les temps, car Théodore de Bèze, en 1584, dit formellement : « On écrit *ira il, va il, aime il* (2) ; mais, dit Jacques Pelletier, en 1549, on prononce : « *ira-ti, va-ti, aime-ti* (3). » Du reste, ce *t* étymologique et euphonique à la fois se prononçait, selon M. Génin (4), dès le xiie siècle, bien qu'il ne s'écrivît pas encore au xvie. *V*, que l'alphabet n'avait pas encore admis, n'existait que dans la prononciation, où il s'était glissé par raison d'euphonie dès une époque reculée : *eu* s'était prononcé *evu*, par suite sans doute de sa provenance latine :

ha*b*itus
v
evu
ẽu

VOYELLES.

Il n'y avait alors que cinq voyelles : *a, e, i, o, u*, parmi

(1) Et même La Fontaine. Voir à ce sujet E. Littré, *Hist. de la lang. fr.* II, p. 157.

(2) *De Francicæ linguæ recta pronunciatione*, p. 36.

(3) Premier livre de l'*Orthographe*, p. 57.

(4) *Variations du langage français.*

lesquelles l'*i*, « gardant une énergie native, se refusait à toute modification, excepté celle de la durée ; » *a, e* sont les plus souples ; *o, u* se prêtent à moins d'altérations.

A s'est changé en *ai* devant *m* ou *n*, dans les mots dérivés du latin : *aimer*, comme le prouve *amant*, de *amans ;* il s'est longtemps aussi confondu avec cette diphthongue dans la prononciation ; on disait : *bagner* pour *baigner* au temps de Théodore de Bèze. Marot emploie indistinctement *raige* ou *rage, fantasie* ou *fantaisie ;* nous disons encore : je *vais* ou je *vas ; Champagne* s'écrivait Cham paigne :

> « La ville de Bar-sur-*Seigne*
> Fit trembler Troyes en *Champaigne* (1). »

E avait naturellement le son muet ; mais il prenait le son fermé devant *sp, st*, et, cette modification ne suffisant pas, on lui a joint un *i*, soit avant, comme dans *sanglier* (sanglé), soit après : *veritei, suplantei*, qui ont disparu, tandis que *treize* et *seize* sont restés. A l'époque qui nous occupe, les différentes sortes d'*e* sont pressenties, indiquées même par les grammairiens (2).

O avait le son de *au ;* mais quelquefois on l'éclaircissait par l'addition de l'*i*, comme le prouvent *oignon, empoigner*, où *oi* sonne comme *o ; gloire, victoire* se prononçaient : *glore, victore*, à l'imitation évidemment du latin *gloria, victoria*. Au moyen âge, *besoin* et *témoin* étaient *beson* et *témon. Oy* a sonné, même pendant tout le XVIe siècle, dans certains mots, comme *oui : Loys* Meigret.

U a gardé longtemps le son de *ou*, qu'il avait chez les Latins ; mais alors il avait déjà le son de notre *u*, surtout

(1) Se lit sur les armes de la ville de Bar-sur-Seine (Aube).
(2) Voir IIIe partie, p. 69.

suivi d'un *i*. Les dialectes du midi étaient seuls restés fidèles à la prononciation *ou ;* les Italiens de la cour de Catherine de Médicis la conservèrent à Paris au xvie siècle.

DIPHTHONGUES.

Dans le vieux français toutes les voyelles sonnaient isolément : *trair*, *traître* se prononçaient *tra-ir, tra-itre*. *Haïr*, au xviie siècle, faisait encore au présent de l'indicatif, première personne du singulier : je *haïs*. C'est Vaugelas qui a décidé qu'on dirait : je *hais*. *Laon, taon, faon, faonner, saoul, paour* se sont d'abord prononcés en deux syllabes ; ce n'est guère qu'à la fin du xve siècle que la réunion en une syllabe a eu lieu. Meigret dit : « Nous écrivons encore *saoler*, *aorner* là où il n'est nulle mémoire de l'*a* en la prononciation (1). » — « Nous disons *pan*, *fan*, écrit Théodore de Bèze, mais dans *faonner*, la prononciation conserve *ao*, comme dans l'écriture (2). » C'est donc du xvie siècle que date la fixation de cette manière de parler et d'écrire.

La mesure des vers démontre qu'on faisait deux syllabes de *ei, je feis*, de *feci, veir,* de *videre ;* originairement on lisait *éu*. Les participes en *u* seront, au moins pendant toute la première moitié du xvie siècle, prononcés et écrits *eu* : j'*ai leu,* dit partout Jean Pillot (3). Nous expliquerons plus loin cette transformation. Toujours est-il qu'à l'époque de la Renaissance toutes les diphthongues admises aujourd'hui s'étaient déjà introduites dans le langage.

La raison de ces détails, trop longs peut-être, sur la

(1) *De l'Ecriture françoise.*
(2) *De Franciex linguæ recta pronunciatione.*
(3) Voir IIIe partie, p. 126.

composition et la prononciation des mots français, est qu'à cette époque où notre langue, depuis longtemps formée, tendait à se créér des règles précises d'orthographe, l'absence de tout principe clair et précis, tant sur les parties du discours que sur la construction des phrases, réduit presque à l'étude des lettres, dont les mots se composent, les recherches à faire sur l'état du langage français. En effet, chaque partie du discours jouait déjà un rôle à part, généralement analogue à celui qu'elle remplit dans les langues anciennes dont la nôtre est formée.

VERBES.

Comme la plupart des noms dont nous venons de parler, les verbes révélaient leur origine latine, malgré les métamorphoses qu'on leur avait fait subir.

D'abord, par un effet naturel de l'accentuation latine (1), on coupa une syllabe à l'infinitif : *amare, aimer ; finire, finir*, et c'est par là que s'explique la règle de l'accent français, affectant toujours la dernière syllabe ; car, en définitive, la syllabe accentuée est celle même qui l'était en latin : *amáre, finíre*. On a aussi remplacé généralement *e* par *i* : *implere, emplir* (2); ou bien par *oi* :

(1) Voir là-dessus le mémoire spécial de G. Paris (1862), chez Hérold, et H. Weil et L. Beulœw, *Accentuation latine*, p. 287 et sq. Voir encore la remarquable thèse de ce dernier sur l'*Accentuation dans les langues Indo-Européennes*, Paris (1847) chez A. Durand.

(2) Beaucoup cependant, suivant la juste remarque de M. Diez, viennent des inchoatifs en *esco* (changés presque toujours en *isco* dans la basse latinité) : gem*isc*ere, *gémir* ; flor*isc*ere, *fleurir* ; frem*isc*ere, *frémir* ; à moins qu'on n'aime mieux y voir, avec M. Littré, un changement de conjugaison avec déplacement de l'accent tonique ; par exemple, au lieu de : *gemere, gemire*, d'où *gémir* ; *fallere, fallire*, d'où *faillir*. M. de Chevallet signale aussi les finales en *iscere* comme ayant pu produire des verbes en *ir*.

sapere, savoir *; cadere,* chaoir *; videre,* veoir. C'est pourquoi les infinitifs français, dès le commencement du siècle qui nous occupe, pouvaient avoir quatre terminaisons. Primitivement les imparfaits étaient terminés en *ei* et en *oie* (1) ; mais au xvie siècle ils avaient déjà pris la terminaison en *ay;* on en trouvait même en *aye.* Au prétérit, les formes surannées *il dist, il fist* attestent une syncope, comme si d'abord on avait dit : *il disit, il fesit;* mais déjà, en 1500, l'*s* fut réservée à l'imparfait du subjonctif, troisième personne du singulier : qu'il *aimast, fist, dist,* jusqu'à ce que l'accent circonflexe remplaçât cette lettre, provenant du latin *fecisset, dixisset, amasset.* — *Erai,* venant de *ero,* était la terminaison primitive du futur : *avoir,* j'averai, d'où j'*aurai; recevoir,* je *receverai,* d'où je *recevrai; valoir,* je *vauderai,* d'où je *vaudrai;* déjà même en 1550 la première conjugaison seule garde cet *e* muet, comme nous l'apprennent les paradigmes de Jean Pillot (2).

L'ARTICLE.

L'article, plutôt utile que nécessaire, et formé du pronom latin *ille, illa, illud* (3), s'était, aux cas obliques, et devant les noms commençant par une consonne, contracté avec les prépositions *a* et *de,* pour faire *au,* on encore quelquefois, et *du* au singulier, *aux* et *des* au pluriel. C'est cette contraction que nos grammairiens trop pleins des habitudes latines ont bien tardé à reconnaître.

LES PRONOMS.

Nos pronoms, calqués souvent sur les pronoms latins,

(1) Voir plus haut, p. 9.
(2) Voir IIIe partie, p. 106 et suiv.
(3) Voir plus haut, p. 12.

offraient déjà une variété de formes bien capable de prouver toutes les richesses dont la langue française pouvait disposer ; mais il régnait encore une grande confusion dans leur orthographe, et même dans leur emploi grammatical. — Les plus usités étaient, pour marquer les personnes : *Je, moy ; tu, toy ; il, soy ;* et *se,* que l'on n'élidait pas. Au pluriel : *nous, vous, ils.* On employait aussi *luy, le, les,* que nos grammairiens ont longtemps confondus avec l'article ; *leur, leurs, eux, els.* Pour marquer la possession, on se servait de : *mon,* quelquefois *mun, ma, nostre ; ton, ta, vostre ; son, sa, leur, leurs.* Au pluriel : *mes, tes, ses.* Pour désigner quelqu'un ou quelque chose, on disait, au nominatif : *ce, celluy ;* au génitif : *cestuy ;* à l'accusatif : *iceluy, icelle, ce.* — Au pluriel : *ces, cestuy.* Le conjonctif : *qui, que, dont* avait été de bonne heure dérivé du latin (1).

VIII. — **Résumé.** — **Jean Pillot.**

Telle était alors notre langue, malgré la décadence du xve siècle, qu'elle venait de traverser. Si elle a encore toutes les qualités que nous venons de reconnaître, c'est grâce aux langues classiques, à la participation de l'élément gaulois et à la consécration que l'usage avait donnée à chacun de ces différents emprunts. Mais, livrée aux caprices des novateurs, aux fantaisies des néographes, elle réclamait un législateur à la portée de tous, qui ne fût pas systématique comme Dubois, audacieux comme Meigret ; dont le code « par la clarté, la méthode et les justes proportions, dût avoir accès dans toutes les écoles (2) » et

(1) Magnin, *Chrestomatie du vieux français* (Berlin, 1863).

(2) Lettre de Jean Bogard à Démophon, en tête de l'édition de Jean Pillot, à Louvain (1563).

populariser ce langage « plus délitable que tout altre (1). »

Une circonstance fortuite fit naître ce législateur, et le *Gallicæ linguæ institutio* du Barrois Jean Pillot vit le jour (1550).

Faisons donc connaître ce grammairien, en quelque sorte improvisé, et disons les causes qui amenèrent la publication de son traité grammatical.

(1) Génin, *Hist. des variations du lang. franç.*

DEUXIÈME PARTIE

RECHERCHES SUR LA PERSONNE ET LA VIE DE JEAN-
PILLOT.

I. — Caractère de Jean Pillot.

Celui que nous nous proposons de tirer de l'oubli, où il
est tombé depuis bientôt trois siècles, semble avoir été un
de ces consciencieux érudits, comme il y en avait tant à
l'époque de la Renaissance. Sa vie, autant qu'il nous est
permis d'en juger par l'épître dédicatoire qu'il a écrite en
tête de son unique ouvrage, a dû être partagée entre l'é-
tude et la méditation. Il possédait l'hébreu, il avait appro-
fondi les langues grecque et latine, était arrivé à parler
l'allemand, enfin s'était familiarisé avec sa langue mater-
nelle. Son esprit paraît aussi avoir acquis une vigoureuse
maturité, une certaine puissance de généralisation et la
précieuse habitude de discerner les travers des hommes et
les défauts de son siècle; peut-être même sur cette pente
s'est-il laissé entraîner trop loin. La répugnance qu'il
éprouve à publier son livre, les craintes que lui inspire la
malveillance du public, le soin qu'il prend de chercher
un protecteur à son innocente grammaire, tout n'atteste-
t-il pas chez Jean Pillot une modestie excessive? « Comme
aujourd'hui, dit-il, on ne fait rien d'assez soigné pour
échapper à l'envie et aux sévères critiques des malveillants,
si l'on n'est protégé par les hommes les plus considéra-

bles, il m'a fallu chercher une personne obligeante, qui me servît d'appui, dont l'autorité fût d'autant plus puissante que je me sentais plus exposé aux attaques, et sous les auspices de qui je pusse, au milieu de tant de détracteurs, faire paraître en sûreté mon livre (1). »

Il est vrai que Paris était alors inondé de ces beaux esprits, qui ne savaient que flatter les grands seigneurs et les grandes dames. Du Bellay, dans le *Poëte courtisan* (2), « raille leur fatuité et leur ignorance ; il les représente avec leur léger bagage poétique, un *sonnet*, un *dizain*, un *rondeau bien troussé*, ou une *ballade*, débitant mystérieusement leurs petits vers de ruelle en ruelle, déchirant sans pitié toute œuvre étrangère à leur coterie, et se gardant bien de rien publier eux-mêmes de peur de représailles. » Quoi qu'il en soit, leurs critiques ne pouvaient prévaloir auprès des gens sérieux et les appréhensions de Jean Pillot étaient exagérées.

II. — De quel pays est Jean Pillot?

Cet érudit n'est connu que par une grammaire française écrite en latin, devenue fort rare par suite de sa popularité même, et en tête de laquelle on lit ces simples mots : *per Joannem Pillotum Barrensem*. Du Verdier, dans sa *Bibliothèque française*, ne le désigne que par le mot, non plus précis, de Barrois.

A cette époque il n'existait, que je sache, comme aujourd'hui, que trois villes de quelque importance du nom de Bar : Bar-le-Duc, alors capitale du duché de Bar ; Bar-sur-Seine, capitale du comté de ce nom ; et Bar-sur-Aube, qui

(1) Extrait de l'*Epître dédicatoire au prince Wolfgang*.
(2) Sainte-Beuve, *Tableau de la poésie française au* xvie *siècle*, p. 62.

avait aussi ses comtes, les mêmes en général que ceux de Champagne. Pillot n'est pas de Bar-le-Duc, selon toute probabilité, parce que tous ceux qui sont originaires de cette ville reçoivent, dans le latin moderne, la qualification de *Barroducensis*, de *Barroducum* (Bar-le-Duc), et non celle de *Barrensis*, particulièrement affectée aux habitants des deux autres villes de Bar, appelées l'une et l'autre *Barrum*.

Outre cette raison, qui peut, pour ainsi dire, être regardée comme une preuve, nous avons de puissantes présomptions pour que notre auteur soit né à Bar-sur-Seine ou à Bar-sur-Aube. Les archives du département de la Meuse ne signalent, dans le relevé des comptes de ce temps-là, ni secours, ni gratifications, ni encouragements accordés à un grammairien du nom de Jean Pillot ; et cependant elles renferment de nombreuses indications de ce genre. Ensuite, la bibliothèque de Bar-le-Duc ne possède pas cette grammaire, on n'y a même jamais entendu parler de cet auteur ; tandis que celle de Troyes a quatre exemplaires, d'éditions différentes, de ce livre, qu'on semble avoir recherché et conservé, comme étant l'œuvre d'un enfant du pays. Enfin, Pillot, dans l'épître qui sert de préface à son ouvrage, parle d'un certain « Claude Colet, Champenois, homme très-versé dans la connaissance de plusieurs langues, notamment du français, et qui fut son ami intime (1). » Or, on connaît parfaitement Claude Colet, dont le frère aîné, Jean Colet, fut chanoine de la cathédrale de Troyes en 1523 : cette famille était de Rumilly-les-Vaudes, bourg du département de l'Aube, à dix-sept kilomètres seulement de Bar-sur-Seine, et à cinquante environ de Bar-sur-Aube.

(1) *Epître dédicatoire au prince Wolfgang.*

Mais peut-être se demandera-t-on comment il se fait que Pillot, si réellement il était né dans le voisinage de Rumilly, n'ait pas ajouté, comme c'était naturel, « Claude Colet, *comme moi*, Champenois, et mon ami intime. » La raison en est bien simple : Bar-sur-Seine faisait partie de la Bourgogne, la Champagne n'allant que jusqu'à Bourguignons, village situé à quatorze kilomètres au delà de Rumilly et à trois kilomètres en deçà de Bar-sur-Seine. On voit encore, sur la route de Troyes à Bar-sur-Seine, la borne qui indique la ligne de démarcation entre les deux provinces. Bar-sur-Aube, au contraire, a toujours fait partie de la Champagne. Par conséquent, Pillot pouvait bien être originaire de la même contrée que son ami Colet, sans être, comme lui, Champenois.

La question est donc ramenée à savoir laquelle des deux villes de Bar, voisines de Troyes, a donné le jour à notre grammairien. Son intimité avec Colet, et la difficulté des communications entre Bar-sur-Aube et Rumilly, surtout en ce temps-là, nous feraient, faute d'autres données, incliner pour Bar-sur-Seine. De plus, le nom de *Pillot*, répandu, aujourd'hui encore, à Jully-sur-Sarce, à Landreville, et à Essoyes, villages situés aux environs de Bar-sur-Seine, ne se rencontre point à Bar-sur-Aube, ni dans les bourgs circonvoisins. Sans doute ce fait est loin d'être une preuve ; et, si nous le rapportons, c'est que dans le manque absolu de renseignements positifs, aucune indication ne doit être négligée.

III. — Date probable de la naissance et de la mort de Jean Pillot

Nous sommes, pour fixer la date de sa naissance et celle de sa mort, dans le même embarras que pour déterminer son pays : là encore, point d'indication précise. Mais l'ouvrage de Pillot fut imprimé pour la première fois à Paris en 1550, pendant qu'il remplissait en Allemagne les fonctions de précepteur. Comme ces fonctions supposent la maturité de l'âge, l'auteur de cette grammaire a dû naître vers 1510 ou 1515.

Par une induction du même genre, nous pouvons, à quelques années près, déterminer l'époque de sa mort. Sur les différentes éditions de cette grammaire, jusqu'à la date de 1563, se lisent ces mots : *Nunc locupletata per eumdem;* mais sur celle de 1581, à Paris, chez Jacob Kerver, on ne trouve plus cette phrase significative. Pillot a donc dû mourir de 1563 à 1581 ; ce qui concorde assez bien avec la date probable que nous avons donnée de sa naissance.

IV. — Dédicace de l'*Institution de la langue française*.

Les dangers auxquels exposait alors la publication d'un livre (1), surtout si le livre était d'un nouveau genre, comme une grammaire (2), furent cause que tous les grammairiens du XVIe siècle mirent leurs ouvrages sous une haute et puissante protection. Jacques Dubois (Sylvius) a dédié le sien à Éléonore (d'Autriche), reine de France ; Ramus a inscrit le nom de Catherine de Médicis en tête de sa grammaire; Abel Mathieu adressa ces *Devis de la langue française* à Jeanne d'Albret, reine de Navarre; Jean Garnier écrivit pour les jeunes princes Landgraves de Hesse ; et Jean Pillot, composant pour un prince allemand son *Institution de la langue française*, ne crut pouvoir mieux faire que de se mettre sous l'égide d'un bienveillant protecteur d'outre-Rhin,

(1) Voir plus haut, p. 41, et plus bas, p. 60.

(2) Voir, sur l'absence de grammaires à cette époque, Francis Wey, *Hist. des Rév. du lang. en Fr.*, p. 251. Paris, 1848.

« *le très-illustre prince Wolfgang, duc de Bavière et de Deux-Ponts, palatin du Rhin et comte de Veldentz,* son trèsdoux Seigneur » (1).

Ce prince venait d'appeler auprès de lui Jean Pillot, pour être le précepteur de son cousin et pupille, le jeune comte de Lutzelstein, Georges-Jean.

Comme ces princes sont aujourd'hui peu connus, malgré l'importance du rôle qu'ils ont joué, et que leur nom se rattache à un livre qui a notablement contribué à régulariser notre langue littéraire, nous croyons qu'un coup d'œil rapide sur l'histoire du Palatinat, ne sera pas ici un horsd'œuvre.

V. — Le prince Wolfgang, duc de Bavière.

Au milieu du xvie siècle, la féodalité, qui, en France, était de toutes parts battue en brèche, voyait encore fleurir en Allemagne son système de division et de morcellement. Tandis que chez nous un petit nombre seulement de vassaux menaient, à l'ombre de la royauté, une existence toute dépendante, au delà du Rhin une foule de ducs et de comtes exerçaient une autorité sérieuse, et une grande quantité de châteaux forts renfermaient sur tous les points du territoire des guerriers presque indépendants. Les souverainetés locales s'étaient multipliées à l'infini ; et le duc de Bavière, Palatin du Rhin, était un de ces puissants seigneurs.

Fils du duc de Deux-Ponts, Louis II, et petit-fils du duc Alexandre, Wolfgang était né le 26 septembre 1526. Il venait d'entrer dans sa sixième année quand il perdit son père ; mais grâce aux soins vigilants de sa mère Elisabeth et de son oncle paternel Robert, qui fut son tuteur, il re-

(1) Titre de l'*Epître dédicatoire au prince Wolfgang.*

çut une éducation excellente, et il se forma de bonne heure à l'accomplissement de tous les devoirs, ainsi qu'à la pratique de toutes les vertus qui conviennent à un prince.

Parvenu à l'adolescence, il fut confié à l'Electeur Palatin, Frédéric II, qui jouissait d'une juste réputation de sagesse ; c'est sous la direction d'un si habile maître qu'il fut préparé à l'administration de ses États.

L'Allemagne était vivement agitée par les divisions religieuses, quand le prince Wolfgang prit, à 18 ans, possession de son héritage paternel, le duché de Deux-Ponts. Son premier acte fut de décider que la doctrine évangélique de Luther, répandue sous son père Louis et sous son tuteur Robert, serait professée également et sans dissension dans les églises du pays soumis à ses lois. Ensuite, dans ses relations difficiles avec l'empereur Charles-Quint, il fit preuve de la plus grande modération et d'une sagesse au-dessus de tout éloge. Il vit, sans y prendre part, les troubles que les querelles de religion avaient excités en Allemagne. Protecteur des habitants de Trèves contre l'invasion des idées nouvelles en 1559, médiateur entre l'archevêque de Trèves et ses sujets rebelles en 1560, son rôle ne cessa d'être pacifique ; et ce ne fut qu'en l'année 1568 que les pressantes sollicitations des Huguenots de France le déterminèrent à leur amener un secours de sept mille cinq cents cavaliers et de six mille hommes d'infanterie. Il fut reçu par Louis de Bourbon, prince de Condé, l'amiral Coligny et d'autres princes français, qui étaient venus au-devant de lui. Mais la fatigue du voyage, les chaleurs accablantes qu'il faisait alors, et peut-être, s'il faut en croire quelques historiens, le capiteux vin d'Avallon, dont il but imprudemment, n'en connaissant pas les effets, occasionnèrent sa mort à Esçars, sur la Vienne, le 11 juin 1569.

Une direction si habile donnée aux affaires, une politique si ferme et si droite, tant de sagesse et un si grand amour de la justice, suffiraient sans doute à illustrer un prince et à le rendre digne de toute l'attention de la postérité ; mais nous ne connaissons encore que le côté le moins glorieux peut-être de l'administration du duc Wolfgang.

L'historien du Palatinat, Daniel Pareus, qui nous a fourni quelques-uns de ces détails, dit, au commencement de son ouvrage, qu'en général les ducs de Bavière et les princes Palatins du Rhin se sont distingués ou comme orateurs, ou comme poëtes, ou comme historiens ; mais que tous, sans exception, se sont montrés les protecteurs éclairés des lettres, les véritables Mécènes de l'Allemagne ; aujourd'hui encore la ville de Munich, avec ses magnifiques musées, ses riches bibliothèques et les généreux encouragements de son jeune roi, n'est-elle pas le centre de la littérature et des arts, l'Athènes des Allemands? Puis, lorsqu'il arrive à l'histoire du duc Wolfgang, il nous le fait voir surtout préoccupé de l'instruction de ses sujets : « non content d'établir dans les petites villes et dans les villages des écoles où les enfants pussent apprendre la lecture, l'écriture, les éléments de la grammaire et du catéchisme, il fonda encore deux écoles supérieures et des gymnases célèbres, l'un à Lavinge, sur le Danube, dans le duché de Neubourg, l'autre dans le duché de Deux-Ponts, à Hornbach (1). »

Les éloges que notre grammairien adresse au prince Wolfgang, en lui dédiant son modeste opuscule, n'ont donc rien de commun avec ces flatteries de convention, qui trop souvent remplissent les premières pages d'un livre, et dont le lecteur ne saurait trop se défier. Pillot n'a fait

(1) Daniel Pareus, *Hist. Palatina*, chap. *Wolfgang.*

que rendre hommage à la vérité et devancer le jugement des siècles à venir, en disant à l'électeur Palatin, duc de Bavière et de Deux-Ponts : « J'ai l'espoir, illustre prince, que vous me prendrez sous votre protection, vous qui vous montrez si bienveillant et si libéral envers ceux qui cultivent les arts, les lettres, et qui s'efforcent de les faire fleurir. » Et plus loin : « Déjà je pressens que je paraîtrai à certaines gens faire un acte déplacé et contraire à toute convenance, en ne craignant pas d'adresser à un personnage si considérable une œuvre de si peu de valeur, et qui, je le sais, ne peut contribuer en rien à votre puissance et à votre gloire ; car, telle est votre renommée, que personne n'ignore combien vous êtes grand. Qui, en effet, n'admire pas votre magnanimité, votre sagesse, votre libéralité et votre piété? Quel autre prince ne vous cède pas la palme pour les belles-lettres (1)? »

Il n'est pas étonnant qu'un prince, qui aux brillantes qualités de l'esprit joignait les solides vertus du cœur, ait tenu à rendre avec usure, au jeune fils de Robert, son oncle et son tuteur, comme nous l'avons vu, les services qu'il avait reçus du père. L'occasion ne s'en fit pas longtemps attendre.

VI. — Georges-Jean, l'élève de Pillot.

Entre l'Alsace et la Lorraine, à quarante-cinq kilomètres environ de Strasbourg, s'élevait le château féodal de Lutzelstein. Ce château avait autrefois ses comtes particuliers, qui relevaient de l'Electeur Palatin. Vers le milieu du xve siècle, les comtes s'étaient révoltés contre l'électeur Frédéric, et ce dernier, pour les punir de leur félonie, s'empara, l'an 1452, de tous leurs biens, qui, dans la suite, échu-

(1) Pillot, *Epître dédicatoire au prince Wolfgang.*

rent à Robert, troisième fils d'Alexandre, duc de Deux-Ponts.

Robert commença la seconde ligne des princes de Lutzelstein. Il avait épousé la rhingravine Ursule, et eut d'elle un fils, nommé Georges-Jean.

Robert étant mort en 1544, son fils, encore en bas âge, fut placé sous la tutelle de son cousin, le prince Wolfgang, qui fut ainsi appelé à remplir auprès du jeune prince de Lutzelstein, les mêmes fonctions de tuteur que le père de son pupille avait remplies auprès de lui-même. Se rappelant les soins éclairés dont Robert avait entouré sa jeunesse, il voulut, par reconnaissance, surpasser même auprès de son cousin la pieuse sollicitude de son tuteur à son égard (1). Il fit donner à Georges-Jean une éducation soignée, et lui chercha les maîtres les plus distingués en tout genre. Ses yeux se tournèrent naturellement vers la France, dont la langue commençait à avoir un certain caractère particulier, et entrait déjà dans le programme des connaissances indispensables à un prince bien élevé (2). C'est alors que le Barrois Jean Pillot fut appelé en Allemagne par le duc Wolfgang, pour être le précepteur de Georges-Jean. Choix glorieux que celui d'un prince, qui se montre si ami des lettres, et si juste appréciateur des ouvrages de l'esprit!

Du reste, l'élève fit honneur au maître. Tout le monde, s'il faut en croire notre auteur, que nous avons déjà reconnu véridique dans ses assertions, vantait « la noblesse de son caractère, non moins que ses dispositions presque surnaturelles (3); » et l'histoire nous le montre comme un prince « pieux et savant (4). »

(1) Pillot, *Epître dédicatoire au prince Wolfgang.*
(2) Voir IIe partie, p. 52.
(3) Pillot, *ibid.*
(4) Daniel Pareus, *ibid.*

C'est lui qui a commencé la tige des nouveaux comtes de Lutzelstein; « car ce ne fut qu'en vertu d'un traité conclu, l'an 1566, à Ausbourg, entre lui et Wolfgang, qu'il entra en jouissance de ce comté (1). »

Georges-Jean agrandit et embellit sa capitale, puis jeta les fondements de la ville de Phaltzbourg. Marié avec la princesse Anna-Maria, fille du roi de Suède, Gustave-Wasa, il eut quatre fils, dont l'aîné, Georges-Gustave, lui succéda en l'année 1592.

VII. — Le Voyage de Paris au XVIe siècle.

Pillot nous apprend lui-même qu'avant de partir pour l'Allemagne, il crut bon de songer aux études qu'il ferait faire à son illustre élève, et de se pourvoir des livres qu'il croyait lui devoir être nécessaires ; aussi « parcourut-il les boutiques des libraires » et acheta-t-il quelques ouvrages classiques de ce temps-là, que malheureusement il ne nous fait pas connaître. Mais « il ne put trouver une seule grammaire convenable de la langue française, et il le regretta vivement, car il savait bien qu'il était surtout appelé auprès du jeune prince de Lutzelstein pour lui enseigner les principes de notre langue, et le préparer à entendre, à parler même un peu le français, pour le jour où il viendrait en France (2). »

C'est à Paris, le 29 juin 1550, que Pillot écrivit ces lignes, précieuses à plus d'un titre.

D'abord, elles montrent que les travaux de grammaire sur la langue française n'étaient alors ni nombreux ni d'une grande valeur : c'est là une intéressante question, que nous avons examinée plus haut (3).

(1) *Art de vérifier les dates.*
(2) Pillot, *Epître dédicatoire au prince Wolfgang.*
(3) Voir Ire partie, p. 26.

Ensuite, elles semblent indiquer, jusqu'à un certain point, l'habitude chez les étrangers d'envoyer les jeunes gens de familles distinguées parfaire à Paris leur instruction et leur éducation.

On s'explique que les jeunes Romains des derniers temps de la République et des premières années de l'Empire, fissent, en vue de perfectionner leurs études littéraires et scientifiques, un voyage en Grèce; que Cicéron ait dépensé annuellement soixante-douze mille sesterces (15,000 fr. environ de notre monnaie), pour que son fils pût séjourner à Athènes; que le père d'Horace, un pauvre affranchi pourtant, ait sacrifié toute sa petite fortune pour entretenir son fils dans la ville de Minerve. Athènes, riche encore de sa gloire passée, libre et honorée des Romains, ses vainqueurs, était toujours « le domicile de l'étude (1), » selon l'expression pittoresque de Cicéron. Bien qu'elle ait vu disparaître son éloquence avec ses orateurs, Gorgias y tenait cependant une école de déclamation ; Cratippus y enseignait publiquement la philosophie péripatéticienne ; et Bruttius, dans ses leçons, possédait l'art de mêler d'agréables digressions littéraires aux démonstrations philosophiques. Une foule de maîtres d'un mérite incontestable faisaient encore de cette ville, le foyer des lumières de l'intelligence, le rendez-vous de la littérature, de la philosophie et des arts ; et, parmi la noblesse romaine, personne ne pouvait espérer la réputation d'un homme instruit, ni prétendre aux honneurs, s'il n'était allé en Grèce « acquérir cette fleur de politesse et de savoir, production d'outre-mer, née sur un sol étranger » (2).

Mais, quel puissant motif pouvait donc attirer à Paris la

jeune noblesse étrangère, à l'époque qui nous occupe ? Entrait-il dans l'usage d'y venir achever le cours de ses études ? Le voyage de Paris était-il à la mode chez les nobles familles d'outre-Rhin, comme le voyage d'Athènes chez les patriciens de Rome ?

Cette assertion serait hardie : toutefois, il faut bien reconnaître qu'au XVIe siècle, après la lutte à jamais mémorable de François Ier contre Charles-Quint, Paris, le séjour de la royauté, enfin victorieuse, doit avoir, aux yeux des Allemands surtout, un certain prestige. C'est la capitale d'un grand royaume, plus homogène que toutes les autres puissances de l'Europe; c'est la ville où les nombreuses illustrations de l'Italie ont été attirées ; c'est la seule cité qui pour les arts le dispute à Rome, à Venise, à Florence ; qui pour les sciences et les lettres prétende commander au monde entier ; c'est le séjour de cette Université savante, d'où sont sorties les gloires immortelles des âges passés ; c'est là que chaque jour s'ouvre à un public d'élite ce célèbre collége, où l'on peut apprendre la philosophie sous un Ramus, l'éloquence sous un Passerat, la littérature grecque sous un Tournèbe, les mathématiques sous un Guillaume Postel; Paris enfin est le centre vers lequel gravite tout ce qui dans le monde jette le moindre éclat; c'est le lieu où, des provinces les plus reculées, affluent les hommes de mérite et de savoir, avides de travailler à la grande œuvre qui passionne tous les esprits, la Renaissance des Lettres ! Car ils savent que là seulement le talent et la science peuvent obtenir la solennelle consécration de la renommée.

Il était donc naturel que les princes étrangers, qu'une brillante éducation domestique avait disposés à recevoir les éléments de toutes les connaissances et les germes

de tous les talents, fussent curieux de venir prendre les
bonnes manières à la cour du plus élégant et du plus
chevaleresque des rois, puiser la science à la source la plus
féconde que les Muses aient ouverte depuis l'antiquité ;
enfin se perfectionner dans une langue que François Ier
avait consacrée dans les tribunaux, imposée à ses professeurs du Collége Royal, et que Charles-Quint appelait
langue d'État.

Aussi une foule de jeunes gens accouraient-ils de tous
les points de la France, et même des pays étrangers, pour
entendre de si savantes leçons et un si beau langage.
« L'étudiant anglais arrivait à Paris, entrait à l'église pour
y faire sa prière, choisissait les cours qu'il voulait suivre,
travaillait et dépensait largement (1). » « Les étudiants italiens s'empressaient aussi de venir entendre ces hommes
qui parlaient si bien, et dont quelques-uns attaquaient
avec hardiesse les questions les plus scabreuses (2). »
Un peu d'ambition se joignait encore à cet attrait des
leçons publiques. On pouvait s'y distinguer, et partir
de là pour faire son chemin dans la magistrature,
dans la politique, dans l'Eglise surtout où aboutissaient
toutes les grandes lumières. Toute cette jeunesse avait
présent à l'esprit l'exemple, éloigné pourtant, d'Abélard,
qui s'était élancé presque sans intervalle du banc de l'é-
colier à la chaire du professeur (3). On ne peut pas non plus
oublier l'influence extérieure de notre littérature aux siècles
précédents ; car on est vraiment surpris de voir les emprunts énormes et presque exclusifs, que nous ont faits
l'Angleterre, l'Allemagne, l'Espagne et l'Italie elle-même.

(1) Vireker, *in Speculo stultorum.*
(2) Muratori. *Antiq. medii ævi, Dissert.* xliv.
(3) A. F. Théry, *Hist. de l'Education en France,* t. 1, liv. V, p. 230.

M. J.-V. Le Clerc a fort justement fait remarquer (1), à propos du poëme allemand *Hug Schapler* (*Hue Ciapeï*), que les poëtes, les écrivains les plus originaux d'outre-Rhin, déjà même dès le xive siècle, nous copiaient, quelques-uns en le déclarant, d'autres peut-être sans le savoir. Enfin M. E. Littré (2) a montré la grande influence, au xiiie siècle, de notre littérature et de notre langue sur la langue et la littérature de l'Espagne, de l'Italie, de l'Allemagne et de l'Angleterre.

Voilà les nombreux et puissants motifs, qui, selon nous, engageaient les jeunes gens d'Allemagne à connaître la langue française et même à venir passer quelques années de leur jeunesse à Paris. Ces motifs n'avaient point échappé à notre auteur : « Le français, dit-il, est la langue la plus élégante qui soit parlée actuellement, et celle qu'il convient le mieux de savoir à un Allemand, à un prince surtout, non-seulement à cause de l'ancienne union des deux pays et de leurs rapports journaliers, mais parce qu'aujourd'hui il n'est, pour ainsi dire, aucun Allemand de noble origine ou d'une fortune un peu considérable, qui laisse ses fils ignorer cette langue (3). »

C'est pourquoi, ne trouvant aucun livre assez complet ni assez clair, il composa, pour le mettre entre les mains de son élève, un modeste rudiment de la langue française, qu'il intitula : *Gallicæ linguæ institutio*.

VIII. — **Publication du traité grammatical de Jean Pillot.**

On le voit, Jean Pillot était bien loin, en écrivant cet ouvrage, d'avoir l'intention de le publier ; et, pour décider

(1) J.-V. Le Clerc, *Hist. litt. de la France*, t. XXIV.
(2) *Hist. de la lang. franç.* t. i, p. 317.
(3) Pillot, *Epître dédicatoire à Wolfgang.*

l'auteur à le faire paraître, il ne fallut rien moins que les sollicitations pressantes de son ami Claude Colet; encore ne fut-il déterminé que par cette considération « qu'il manquerait de charité chrétienne, en privant le public d'un bien qui ne causerait de préjudice à personne (1). »

Comme il partait pour l'Allemagne, il commit son manuscrit à Colet, le priant de le faire imprimer et d'en surveiller l'exécution. Or, qui pouvait mieux que Claude Colet rendre ce service à Pillot, et justifier la confiance qu'il lui témoigne dans sa préface. C'était un bel esprit, qui paraît n'avoir pas manqué d'érudition ; car il avait déjà, en 1544, chez Wéchel, à Paris, fait paraître une *Oraison de Mars aux dames de la Cour*, et ensemble la *Réponse des dames de la cour à Mars* ; puis l'*Epître de l'Amoureux de Vertu aux Dames de France, fugitives pour la guerre* (2).

L'année précédente, 1549, on venait encore d'imprimer sa traduction de l'*Histoire éthiopienne d'Héliodore.*

Telles sont les circonstances qui firent du paisible et savant Barrois Jean Pillot un grammairien, et précédèrent l'apparition des doctrines grammaticales, dont nous allons nous occuper.

(1) Pillot, *Epître dédicatoire à Wolfgang.*
(2) Voir Groslay, *Troyens célèbres*, art. *Colet.*

TROISIÈME PARTIE

LES DOCTRINES GRAMMATICALES DU XVIe SIÈCLE.

I. — **Les traités grammaticaux de la seconde moitié du XVIe siècle.**

« Le deuxième jour de juillet, l'an mil cinq cent cinquante, la court a permis à Estienne Groulleau, libraire et imprimeur, demeurant à Paris, de pouuoir imprimer et uendre un livre intitulé : *Gallicæ linguæ institutio latino sermone conscripta per Joannem Pillotum Barrêsem ;* » et, le 15 octobre suivant, grâce aux soins de Claude Colet (1), pendant l'absence de l'auteur, paraissait ce traité grammatical.

Six ans plus tard, le célèbre imprimeur Robert Estienne publiait un *Traicté de la grammaire françoise,* qui eut beaucoup de vogue en son temps, car la langue y est réglée d'une manière moins arbitraire qu'elle ne l'était dans les ouvrages de Dubois et de Meigret.

En 1558, Jean Garnier faisait imprimer, en Allemagne (2), un autre traité grammatical de la langue française, destiné, comme celui de Pillot, à apprendre notre langue aux étrangers, et dont le titre est : *Institutio Gallicæ linguæ, ad usum juventutis Germanicæ, ad illustrissimos juniores Principes Landgravios conscripta.*

L'année suivante, 1559, Abel Mathieu, de Chartres,

(1) Voir ci-dessus, IIe partie, page 55.
(2) *Marpurgi Hæssorum, apud Joannem Crispinum.*

faisait paraître chez Richard Breton, à Paris, ses *Devis de la langue française*. — On connaît deux éditions de cet ouvrage.

L'an 1562, nous apprend Brunet, parut pour la première fois, sans nom d'auteur, la *Grammaire française* du philosophe Pierre Ramus. Waddington Kastus, dans sa thèse latine (1848), sur Ramus, p. 185, cite une édition signée de 1567. Mais la date, généralement adoptée de ce livre, portant le nom de son auteur, est 1572. Il fut imprimé chez André Wéchel, à deux colonnes. Une dernière édition, publiée en 1587, chez Denis du Val, successeur de Wéchel, est donnée comme « revue et enrichie en plusieurs endroits. »

Enfin, Henri Estienne, reprenant et étendant les théories grammaticales de Robert Estienne, son père, donna, en 1582, ses *Hypomneses de Gallica lingua, peregrinis eam discentibus necessarias : (quædam vero ipsis etiam Gallis multum profuturæ)*. C'est, comme nous le verrons, l'ouvrage le plus satisfaisant de ce siècle, mais aussi c'est le dernier. Son succès fut très-grand, d'abord à cause de son mérite, et aussi grâce au renom de l'auteur, déjà justement célèbre par d'autres ouvrages (1).

Mais, de tous ces traités, celui qui, au XVIe siècle, eut le plus de lecteurs, tant en France qu'à l'étranger, fut sans contredit l'*Institution de la langue française*, de Jean Pillot ; car, dès 1557, la première édition étant épuisée, le parlement donna une nouvelle permission au même imprimeur. En 1561, Estienne Groulleau, en vertu de ce même privilége, faisait paraître une troisième édition de cet ouvrage. En 1563, cette grammaire était réimprimée

(1) Voir IIIe partie, pp. 149 et 150.

chez Jacob Kerver, après avoir été revue et augmentée par l'auteur revenu alors d'Allemagne. Cette même année 1563, Jean Bogard, par privilége du roi, donnait une cinquième édition à Louvain, et la dédiait à Claude Dupuy, professeur de français à l'Académie de cette ville. En tête de cette édition, se trouve une gravure, représentant l'intérieur d'une école de l'époque, et au bas de cette gravure, on lit ces mots : *Liberalium artium ludus.* Ce qui prouve bien que ce livre était devenu classique. La bibliothèque du roi possède, selon Brunet, une sixième édition de cette grammaire, 1575, à Paris. Enfin, en 1581, paraissait pour la septième fois ce livre, sous le même titre, à Paris, chez Jacob Kerver ; c'est Antoine Riccius, clerc de Rimini, qui l'éditait et le dédiait à Démophon, vicaire général de l'église de Rimini.

Ces éditions successives attestent que Claude Colet avait bien jugé la grammaire de son ami Pillot, et auguré juste du succès qui lui était réservé.

II. — Pourquoi ce traité grammatical est écrit en latin.

Ce livre, pour obtenir en l'espace de trente années l'honneur de sept réimpressions, répondait donc parfaitement aux besoins de son temps ? — Non, sans doute ; mais il était favorisé par les circonstances. Il venait après celui de Dubois, où l'on trouve, il est vrai, « de très-bonnes règles, des inventions fort heureuses et des étymologies aussi justes qu'intéressantes ; mais, malheureusement, il contient des principes singulièrement hardis, que l'on reconnut bientôt erronés (1). » Il venait après celui de Meigret, « qui avait adopté un système d'écriture, que personne ne

(1) B. Jullien, *Coup d'œil sur l'hist. de la gramm.*, p. 10.

voulait recevoir, que plusieurs peut-être avaient beaucoup
de peine à lire (1). » Etait-ce donc cette grammaire méthodique, sans laquelle la jeunesse studieuse ne pouvait
être sûrement initiée à la connaissance de la langue française ? — Non plus ; Pillot « appartient à une école qui
pouvait rendre à notre grammaire de véritables services,
comme nous l'avons vu, et fournir à la postérité d'utiles
enseignements (2) ; » mais, pour plusieurs raisons, il n'a
pas atteint le but qu'il semblait s'être proposé.

D'abord, son livre est écrit en latin ; par suite, il a pu
servir à régler l'usage général de la langue vulgaire, dans
les classes instruites de la société, par les nombreuses observations qu'il contient ; mais à coup sûr il n'a pas contribué au développement de l'idiome national parmi le
peuple, comme il l'aurait fait, s'il eût été rédigé en français. Que Jacques Dubois, que Jean Garnier aient écrit
leurs grammaires en latin, on le comprend ; ils avaient en
vue d'instruire non pas tant les Français que des étrangers, ne connaissant que leur propre langue et celle des
Romains ; aussi ont-ils fait usage du latin, « pour que les
principes de notre langue pussent servir à la fois aux Anglais, aux Allemands, aux Italiens, aux Espagnols, à tous
les étrangers, en un mot (3), » qui suivaient en si grand nombre alors les cours de notre Université (4). Mais Jean Pillot,
s'il a aussi écrit pour des étrangers, destine particulièrement sa grammaire à un jeune prince, qui, de son propre
aveu, ne sait pas le latin : obstacle qu'il signale au duc
Wolfgang, et que, pour sa part, il déplore vivement (5).

<hr>

(1) B. Jullien. *Coup d'œil sur l'hist. de la gramm.*, p. 13.
(2) Ch. Livet. *Gram. et Gram. franç. au XVIᵉ siècle*, p. 330.
(3) Jacques Dubois, Préface de sa grammaire.
(4) Voir ci-dessus, IIᵉ partie, p. 53.
(5) Pillot, *Epître dédicatoire au prince Wolfgang*.

Pourquoi donc alors n'a-t-il pas donné à son livre le mérite facile d'unir l'exemple au précepte ? S'il ne se proposait que d'être utile au jeune comte de Lutzelstein, il fallait qu'il écrivît sa grammaire française en allemand, comme Palsgrave, voulant apprendre le français à la fille de Henri VIII, la princesse Marie, avait écrit la sienne en anglais.

Selon nous, Pillot, en se servant de la langue latine dans son traité grammatical, a cédé à cet entraînement de l'exemple, si puissant sur un esprit aussi timide que le sien : l'usage semble avoir été une règle à ses yeux. Jusqu'à lui, en effet, tous les travaux de philologie ont été écrits en latin ; toutes les discussions littéraires et scientifiques ont été soutenues en latin ; c'est en latin que jusqu'alors on avait enseigné dans presque toutes les écoles particulières ; le latin est la langue de la religion, des lois, de la philosophie ; c'est donc en latin aussi qu'il doit écrire sa grammaire, sous peine de provoquer ces critiques qui lui inspirent tant de craintes, ou de passer pour un réformateur de la langue, peut-être même pour un calviniste (1).

Pour cette raison, sans doute, il n'a pas voulu être plus utile à ses concitoyens en écrivant en français ; à son élève, en écrivant en allemand ; et il s'est contenté de quelques rapprochements çà et là entre la langue française et la langue germanique.

Néanmoins, il était bien temps de rompre avec la routine, et de laisser le latin, surtout celui des traités didactiques d'alors, aux arguties de la scolastique et aux subtiles dis-

(1) Les premiers prôneurs de la langue vulgaire étaient presque tous protecteurs de l'hérésie : Clément Marot, Jacques Dubois, Etienne Dolet, les Estienne.

sertations des philosophes. Que l'on donne dans le latin d'Abélard, de Scot et de Siger les règles du syllogisme ou les questions problématiques de l'École, rien de mieux ; des vers comme ceux-ci :

« Asserit *A*, negat *E*, verum generaliter ambo ;
Asserit *I*, negat *O*, verum particulariter ambo. »

pouvaient même avoir leur utilité, quoi qu'en dise Pascal, et graver mieux dans la mémoire des écoliers les *majeures* et les *mineures.* Mais, puisque la France avait déjà un langage usuel, que l'on écrivait des volumes pour le régulariser, la première chose à faire, c'était de formuler en ce langage les principes sur lesquels il repose ; et rien n'était moins rationnel ni plus préjudiciable que de faire apprendre par cœur à des enfants les principales règles de la grammaire française, dans un latin barbare, qui jetait nécessairement la confusion dans leurs jeunes intelligences et nuisait à cet enseignement (1).

Quoi qu'il en soit, on se montrait encore, comme au temps d'Horace et de son sévère précepteur, Orbilius, partisan des préceptes *dictés* par le maître et *récités* par les élèves (2).

La passion pour le latin allait si loin, qu'on imprima à Troyes, chez Jehan Lecoq, en 1510, un répertoire des

(1) Témoins Despantère, qui, en 1520, donnait ses fameux *Rudimenta* ; Th. Linacre, qui publiait en Angleterre, en 1533, un ouvrage d'éducation, traduit en latin, en 1536, par G. Buchanan, au lieu de l'être en français, et édité chez Robert Estienne, sous le même titre : *Rudimenta grammaticcs.*

(2)   Memini quæ plagosum mihi parvo
Orbilium *dictare...*   (Hor. *Ep. II*, 1, v. 70.)
... Hæc *recinunt* juvenes *dictata* senesque.
          (Hor. *Ep. I*, i, v. 55.)

termes techniques de la cuisine, de la bâtisse, de la médecine, et même de certaines expressions obscènes, appelé *olla patella,* à cause des premiers mots par lesquels il commence. Ce sont de mauvais vers latins que l'on faisait réciter machinalement aux écoliers, pour leur mettre en tête le rhythme et la facture du vers. On en jugera par le premier :

« Olla Patella Tripes Coclear Lanx Fustina Cratis, »

dont voici la vieille traduction française, telle qu'elle est imprimée : « *Un pot, une poelle, un trépier, cuillier, une crémaillère, rotier.* » C'est encore la méthode d'enseignement en usage dans les écoles musulmanes, où l'élève récite des préceptes versifiés, puis en donne le commentaire dans la prose de son professeur : tant a de puissance la routine en matière d'éducation !

Qu'y a-t-il d'étonnant après cela que notre grammairien n'ait pas osé prendre sur lui d'écrire en français son *Institution de la langue française?*

Toutefois, dans la seconde moitié de ce siècle, après les célèbres ordonnances de François Ier en faveur de notre langue, l'Université enseigna au moins le français en langue française, et l'on commença, comme nous l'avons constaté, à écrire des traités grammaticaux en langue vulgaire, comme firent Ramus et les Estienne. Plus tard même, la réaction fut complète; et, si aux xve et xvie siècles, on crut que la science, pour pénétrer dans l'intelligence de la jeunesse, devait prendre la livrée du vers latin, au xviie, on pensa que la mémoire ne pouvait plus rien retenir qui ne fût rédigé en vers français; témoins les *Méthodes* de Port-Royal, qui offrent la bizarrerie de règles latines et grecques présentées en vers français : nous savons tous

par cœur quelques décades des *racines grecques* de Lancelot. Les traités d'arithmétique et de géométrie ne furent
pas non plus à l'abri de cette pitoyable versification. Cependant, même en 1689, Fr. de Pratel a publié à Louvain
une *Manuductio ad linguam Burgundicam*, qui est un
traité de grammaire française en latin. Mais l'exception
confirme la règle.

III. — Ce traité est-il une véritable grammaire ?

Maintenant examinons si Pillot a fait véritablement une
grammaire française, dans le sens rigoureux que l'on
donne ordinairement à ce titre. La question ainsi posée
est complexe et délicate. Simplifions-la, en l'éclaircissant,
avant de faire la réponse.

Toute grammaire, il nous semble, doit, pour être complète et satisfaire aux exigences de l'enseignement, contenir deux ordres de faits bien distincts : les uns, généraux
et universels, comme les principes de l'esprit humain sur
lequel ils reposent ; les autres, particuliers et circons-
crits à la langue qu'on se propose d'étudier.

En effet, comme l'esprit conçoit des idées et porte des
jugements, il existe différentes espèces de mots, destinés
à exprimer nos idées et à rendre nos jugements ; ce sont
les parties du discours et les termes constitutifs de la *proposition*. Comme l'esprit peut encore concevoir un être
individuellement ou plusieurs êtres présentant des caractères communs, il existe des *noms propres* et des *noms
communs*. Comme l'esprit connaît aussi l'unité et la plu-
ralité, il y a des *nombres ;* c'est aussi parce que l'esprit
conçoit la durée qu'il y a dans les verbes certaines formes
qu'on appelle *temps ;* c'est enfin parce que l'esprit conçoit
des modifications dans l'affirmation, que les verbes pren-

nent certaines flexions, nommées les *modes*. De plus, les mots ne restent pas isolés les uns des autres, ils se lient entre eux, se combinent et se modifient en se combinant; il y a donc aussi une *syntaxe générale*. Ces faits, dont un bon traité grammatical doit contenir la constatation, appartiennent à toutes les langues, et reçoivent ordinairement la qualification de GRAMMAIRE GÉNÉRALE.

Au contraire, la prononciation, l'orthographe, les déclinaisons, la formation du pluriel, du féminin, du comparatif et du superlatif, la conjugaison des verbes, les constructions particulières et les idiotismes, voilà un ordre de faits grammaticaux qui appartiennent en propre à la langue sur laquelle on écrit, et qui composent la GRAMMAIRE PARTICULIÈRE.

Si nous comparons le livre de Pillot à cet idéal, nous voyons tout d'abord qu'il est loin de traiter la série de faits que nous venons d'indiquer. Un caractère général y domine, caractère qui lui vient, selon toute apparence, de l'intention où est l'auteur d'écrire, non pour la France, mais pour un prince allemand, qui devait apprendre en même temps le grec et le latin. Notre érudit ne s'isole pas assez des méthodes grecques et latines ; il suit le latin, pour ainsi dire, pas à pas, comme étant la seule langue régulièrement constituée, et fait passer le français à sa filière : on croirait avoir encore sous les yeux, en certains endroits, une page détachée des grammaires provençales du XIIIe siècle, tout entières, avons-nous dit (1), calquées sur les grammaires latines. C'était peut-être un avantage pour l'élève de Pillot; mais, au point de vue d'une critique impartiale, ce traité ne semble pas avoir été écrit dans un esprit assez indépendant ni assez français : ce n'est pas

(1) Voir ci-dessus, Ire partie, p. 23.

tant un ouvrage composé pour enseigner notre idiome,
qu'une application des grammaires anciennes à notre langue; c'est une initiation pour les savants étrangers, plutôt
qu'une grammaire nationale et populaire.

En effet, laissant de côté la grammaire générale pour
ne s'occuper que des faits relatifs à la langue parlée en
France, l'auteur ne « dit rien des définitions ni de la nature
des espèces de mots qu'il traite, parce qu'on peut les prendre chez les autres grammairiens, ensuite parce que ces
définitions ne semblent pas répondre à son but, qui n'est
pas d'apprendre à définir la langue française (1), » mais
d'apprendre à la parler; et il renvoie son lecteur aux ouvrages latins et grecs. De là une première lacune qu'il serait impossible de combler pour quiconque étudierait ce
livre sans connaître préalablement les langues classiques.

Quant à l'analyse de la *proposition,* le fondement de
toute étude grammaticale vraiment philosophique, il n'en
est pas question : le verbe n'est étudié que dans ses formes
séparées des autres parties du discours, et non dans ses
rapports avec les autres mots; nulle part nous ne voyons
que Pillot s'occupe directement du *sujet* et de l'*attribut ;* il
suppose sans doute tout cela connu de son élève.

Si nous passons à la dernière partie de son ouvrage,
consacrée aux mots indéclinables, *adverbes, prépositions*
et *conjonctions,* nous n'aurons encore lieu d'y reconnaître
rien de bien original ni de bien français. Il dit lui-même
n'avoir fait, pour ainsi dire, que « traduire mot à mot une
foule d'exemples, qui n'étaient pas nécessaires, et qu'il
a tirés du médiocre dictionnaire de Robert Estienne, pour
ne rien laisser à désirer à celui qui se montrerait avide de

(1) Pillot, *Epître dédicatoire au prince Wolfgang.*

connaître la langue française (1). » Il faut avouer que, si, après avoir lu et étudié les soixante ou quatre-vingts pages consacrées à l'adverbe, à la préposition et à la conjonction, on ne désire rien de plus, c'est qu'on n'est pas difficile, ni bien désireux de savoir le français ; car on ne sera pas suffisamment prévenu sur l'ordre dans lequel se doivent ranger les mots, sur la manière dont se lient et se subordonnent les propositions, sur tout ce qui fait partie, en un mot, de la syntaxe d'accord et de la syntaxe de régime ; et pourtant on avait bien besoin alors de « ces règles précises, qui auraient pu nous initier à l'esprit de notre ancienne langue (2). » Les écrivains ne suivaient guère en cela que l'inspiration de leur génie ; ainsi Philippe de Commines place ordinairement le sujet après le verbe : « Et *commande le roy, et viendrent les ambassadeurs* (3). »

Ainsi donc, pour ce qui regarde la grammaire générale, le livre de Pillot pèche en plusieurs points essentiels, et laisserait un élève souvent dans l'incertitude et l'ignorance, s'il n'avait déjà sérieusement étudié les deux langues classiques.

IV. — L'alphabet et la prononciation chez les grammairiens du XVIe siècle.

Pour la *grammaire particulière*, on pressent qu'il doit être plus satisfaisant.

Il s'ouvre par une théorie des *lettres* et de leur prononciation. Si l'on se demande pourquoi l'auteur a cru devoir entrer dans ces détails, supprimés dans la plupart des

<hr>

(1) Pillot, *Gallicæ ling. Institutio,* dernière page de l'édit. de 1550.
(2) Ch. Livet, *Gram. et gram. franç. au XVIe siècle,* p. 326.
(3) Ch. Livet, *Gram. et gram. franç. au XVIe siècle,* p. 326.

grammaires modernes, on trouvera la réponse, premièrement, en se rappelant que le livre est écrit pour des étrangers.

D'ailleurs, c'est chose légère et insaisissable que la parole : « l'orthographe en est rarement la notation exacte et précise, surtout à l'origine de la langue ; alors l'écriture procède avec des tâtonnements tels qu'on a peine à saisir la véritable forme des mots sous les divers déguisements, qu'ils empruntent de la mode du temps, des bizarreries des dialectes et du caprice des scribes (1). »

C'est ce que comprirent les grammairiens du xvie siècle : ils essayèrent de discipliner ce désordre, et enseignèrent en France, comme une langue morte, l'idiome national encore peu fixé, c'est-à-dire, en commençant par la prononciation absolue et relative de chaque lettre. Aussi, le premier traité grammatical sur la langue française, l'ouvrage de Jacques Dubois (1531) traite-t-il d'abord, et longuement, de l'emploi et de la prononciation des *lettres;* l'auteur entre même dans de minutieux détails sur les mutations des lettres étymologiques. Aussi, deux ans plus tard (1533), Carolus Bovillus, s'occupant de la *variété du langage français,* expose-t-il une longue et savante théorie de la prononciation de chaque lettre. Meigret, le grand réformateur, faisait paraître en 1545, « un *traité touchant le commun usage de la langue française,* auquel est débattu des faultes et abus en la vraye et ancienne puissance des lettres (2). » Dans sa *grammère françoeze,* revenant sur sa thèse favorite, l'accord de la prononciation et de l'écriture, il donne de nouveaux détails sur les sons de la langue, les signes qui les représentent et l'assemblage des

(1) Ch. Livet, *Gram. et gram. fr.,* p. 499.
(2) Voir ci-dessus, Ire partie, p. 20.

lettres, qui concourent à les former (1). En 1567 même, Ramus n'a pas omis cette importante question. Les deux grands savants de l'époque, Robert et Henri Estienne (1556-1582) ont donné un *traité complet des lettres*. Vers 1584, Claude de Saint-Lien et Théodore de Bèze ont fait chacun en latin un ouvrage sur la *prononciation des lettres françaises* (2). Enfin, à la date de 1606, on réimprimait un remarquable traité sur la *parenté* et la *permutation des lettres entre elles,* du Troyen Jean Passerat, successeur de Ramus au Collége de France, lecteur de Charles IX et poëte distingué. Bien que ce livre soit particulièrement destiné à faciliter la lecture des auteurs latins, le soin que Passerat a mis à le composer, prouve que l'alphabet latin, dont le nôtre n'est que la copie, avait, en traversant les siècles, subi bien des modifications, bien des altérations même, et que la grande question d'une prononciation correcte et uniforme était encore à l'ordre du jour.

Pillot, qui, en 1550, écrivait pour des Allemands un traité grammatical de la langue française, aurait donc manqué à son premier devoir, s'il n'eût pas parlé des *lettres* et de leur prononciation.

Au milieu du xvie siècle, notre alphabet se composait de vingt-deux lettres seulement, car le *j* se confondait avec l'*i*, le *v* avec l'*u* et le *k* n'avait pas été emprunté au grec. Souvent aussi l'*y* s'employait indistinctement pour *i;* d'où cinq voyelles : a, e, i, o, u. Les autres lettres sont consonnes.

Si maintenant nous passons à la prononciation et au rôle de chaque lettre, prise isolément, nous serons frappé du soin que les grammairiens de ce temps ont mis à en parler,

(1) Ch. Livet, *Gram. et gram. fr.*, p. 64.
(2) Ch. Livet, *Gram. et gram. fr.*, pp. 500 et 510.

et nous pourrons nous faire une idée juste des théories grammaticales auxquelles notre alphabet a donné lieu. Commençons par les voyelles.

A. Rien de remarquable n'a été dit sur la voyelle *a*. C'est un son fort clair, provenant du gosier.

E. On reconnaissait alors, mais depuis peu (1), trois sortes d'*e* : 1° l'*e* masculin ay*mé*, félic*ité*, qui serait mieux nommé *e* latin ; 2° l'*e* féminin : just*ice*, fort*une*. L'*e* masculin diffère du féminin en ce qu'il doit toujours être marqué d'un accent aigu (2). L'*e* féminin est soumis à l'apostrophe et à la synélèphe : par apostrophe, *e* féminin ne s'écrit ni ne se prononce : *l'esprit de sanctification est en Christ ;* par synélèphe, il s'écrit, mais ne se prononce pas : *fortune est variable et aveugle* (3). Toutefois l'*e* muet final d'un verbe se prononce quand il est suivi des pronoms *il* ou *elle :* dési*re il,* dési*re elle.* C'est seulement au xviie siècle que le *t* euphonique a été positivement réclamé et dans l'écriture et dans la prononciation. 3° L'*e*, qui tient le milieu entre *a* et *e,* comme *æ* des Latins, *ay* des Français ; pour ne pas le laisser sans nom, on peut avec quelque raison l'appeler *e* français. Pillot désirait que les imprimeurs en fissent un *e* marqué d'une queue, comme ceci : *e̦ ; estreș, feneștreș, aupreș.* On voit donc apparaître ici, pour la première fois accentué, notre *e* ouvert, dont M. Ch. Livet fait honneur à Ramus (4). Que de choses importantes se trouvent dans ce modeste opuscule, et dont on attribue le mé-

(1) En effet, chez un ancien rhéteur, Pierre Fabri, de Rouen, on lit : « Nota que le vulgaire françays n'a point encore mis de différence en escripture en *e* masculin et *e* féminin. »

(2) Claude de Saint-Lien, *de Pronuntiatione linguæ gallicæ.*

(3) Pillot, *Gallicæ linguæ Institutio,* p. 9.

(4) Pendant tout le xvie siècle, on a exprimé ce son à l'aide d'un *s* de provenance latine (*esse, fenestra*) ; mais ce n'est, en définitive, que

rite à des grammairiens que l'on croit plus avancés ou plus complets, parce qu'ils sont plus connus !

I. Voyelle, il a un son grêle commun à toutes les langues. Consonne (et alors il paraît utile de le distinguer de *i* voyelle, en l'allongeant ainsi, *j*) (1), il a un son voisin de celui de l'*h* français, mais avec un sifflement plus fort ; *jalousie, jouer* (2).

O. Cette voyelle résonne sur la voûte du palais, mais avec un son moins clair que *a*. Quelquefois il est changé en la diphthongue *ou : nos, nous ; color, couleur ; dolor, douleur ;* quelquefois même en *eu,* comme le prouve dou*leur* (3). Que si l'on se demande la cause de cette irrégularité (4), dans la dérivation des mots dou*leur,* dou*lou*reux, voici la réponse : « Le langage de Bourgogne avait *or,* dans tous les cas, ou *eor,* ou *os;* en Picardie on disait : *eur, our, ous,* comme : dis*eur,* jong*leur,* de jacula*tor ;* en Normandie : *ur,* don*nur.* Ces faits notés, la question se résout d'elle-même ; les formes en *eu,* qui devinrent de jour en jour plus communes, s'introduisirent avec le langage picard dans l'Ile-de-France, et prirent enfin droit de bourgeoisie dans la langue fixée (5). »

U. Cette lettre, lorsqu'elle est voyelle, se produit les lèvres rapprochées, avec une sorte de sifflement ; elle a un son grêle, comme *i* (6). Mais c'est surtout comme consonne

le son *ei* de la vieille langue, que l'on a méconnu, en proposant cet *s :* il a*meine,* pro*meine.*

(1) Théodore de Bèze, *de Franc. ling. recta pronunt.*
(2) J. Pillot, *Gallicæ linguæ Institutio,* p. 9.
(3) Théodore de Bèze, *de Francicæ ling. pronunt.*
(4) C'est ce qu'a fait M. Burguy, dans sa *Grammaire de la langue d'Oïl,* t. I, p. 26.
(5) Burguy, *Gram. de la lang. d'Oïl,* t. I, p. 26.
(6) Théodore de Bèze, *de Franc. ling. recta pronuntiat.*

qu'elle parut digne de remarque au xvie siècle. Alors, elle se prononce en serrant les lèvres l'une contre l'autre, et elle se doit marquer de deux points (..) (1). C'est Ramus, qui imagina la forme *v*; Bèze approuve ce dessein, mais non l'exécution. Henri Estienne justifie l'emploi de cette lettre comme consonne au milieu des mots par l'exemple des Latins, qui disaient :

Tenv*ia nec lanæ per cœlum vellera ferri* (2).

Mais il ne propose aucune distinction de forme.

Diphthongues. — Les voyelles se combinent pour former des diphthongues, comme *ai* ou *ay* : *faire ;* — *au* : *autheur ;* — *ei* : *peine, ceindre ;* — *eu* : *feu, flatteur ;* — *oi,* ou *oy* : *foy, trois, cognois ;* — *ui* ou *uy* : des*truire,* la *nuict ; ie,* qui, dans les finales en *ien,* ne forme qu'une syllabe : *mien, tien, chrestien.* Pillot nous montre en cet endroit un fait digne de remarque : *ay* ou *ai* et *ei* avaient alors le même son ; d'où *peindre* s'écrivait indifféremment *paindre* : il ne faut donc pas attendre le traité de Théodore de Bèze (1584) pour être instruit de cette prononciation, qui s'est conservée dans : *bain, gain.* C'est elle probablement qui fait encore écrire *contraindre* par un *a,* tandis que *astreindre, étreindre* prennent un *e,* bien qu'il vienne, comme ces deux derniers, de *stringere* ou de son composé ; *enfreindre,* au contraire, venant de *frangere,* devrait prendre l'*a* étymologique, qui se trouve dans toute sa famille : *fraction, frange, réfrangible.* Mais au xvie siècle, on écrivait *enfraindre* (3).

Triphthongues. — Les triphthongues sont : *eau* : *beau ;*

<hr>

(1) Pillot, *Gallicæ linguæ Institutio*, p. 5.
(2) Virgile, *Géorgiques*, I, v. 397.
(3) E. Littré, *Diction. de la lang. franc.*, mot *Enfreindre*.

— *œi : œil;* — *uei : cueillir; œu : cœur; œuvre; ueu :
gueux.* (Cette triphthongue a été condamnée par Robert
Estienne et Théodore de Bèze.) *ieu : mieux, yeux, lieu;*
— *oui : mouiller, pouilleux* (1). Ajoutons à l'honneur de
cette théorie des diphthongues et des triphthongues, que
le célèbre Robert Estienne, en 1556, s'en est aidé, qu'il a
même emprunté une partie des exemples au livre de *l'institution de la langue française.* Tout le monde vante les
Estienne, et personne ne connaît J. Pillot!

Certaines voyelles servaient déjà à modifier le son
d'une autre voyelle, comme *e* dans : *nageons, u* dans lan-
gue. De plus, « comme les voyelles *a* et *i* sont fréquemment employées dans les diphthongues, lorsqu'elles sont
jointes à une autre voyelle sans former diphthongues, on
les marque en dessus de deux points (*notantur supra duo-
bus apiculis, hoc modo*) : *païs,* de *patria,* pour le distinguer de *paix,* venant de *pax* » (2). Voilà l'usage du tréma
nettement indiqué, et pour la première fois; car, on ne
peut raisonnablement donner ce nom aux deux petits signes verticaux, dont, au xiie siècle, on discernait *u* consonne de *u* voyelle (3), ni aux deux points juxtaposés, que
l'on plaçait alors, et dans le même but, sur *u* consonne (4).
Toutefois, on trouve le tréma en usage en Allemagne, dès
1526 (5). Dubois seul chez nous avait déjà employé ce signe
pour marquer la division de deux voyelles qui se suivent
sans former diphthongue (6). Mais on peut se convaincre,
en lisant cette page de Pillot, qu'il a été plus loin, sur cette

(1) J. Pillot, *Gallicæ linguæ Inst.,* p. 6.
(2) J. Pillot, *Gallicæ linguæ Institutio,* p. 5.
(3) Voir Ire partie, p. 31.
(4) Voir ci-dessus, IIIe partie, p. 71.
(5) Ch. Livet, *Gram. et Gram. franc.,* p. 275.
(6) Ch. Livet, *Gram. et Gram. franc.,* p. 22.

question, non-seulement que tous ses devanciers, mais encore que beaucoup de ses successeurs, même du xviie siècle, que Regnier Desmarais, qui n'en parle pas, que le P. Ruffier, qui s'en occupe très-peu, que Beauzé, qui parfois « pose des difficultés sans les résoudre formellement » (1). Il faut cependant remarquer que, malgré sa règle, il place le tréma sur l'*u* dans *veüe, queüe,* etc... Ce n'est que Claude de Saint-Lien, en 1580, qui le place bien : *moruë.*

Consonnes. — Passons maintenant aux consonnes :

Entre *b* et *p, d* et *t, v* et le digamma *f,* il y a un certain rapport de prononciation qui tient à leur parenté : on appuie sur *p* et *t,* on siffle sur *f; b, d* et *v* sont plus légèrement articulés.

C. Il a le son de *s* devant *e, i : cecy,* et le son latin devant *a, au, o* et *ou, u* et *ui;* mais, s'il doit garder le son doux de l'*s* devant ces dernières voyelles ou diphthongues, il faut le marquer d'un petit signe souscrit : *sçavoir, façon, j'apperçoy* (2). Ce n'est autre chose que la cédille des modernes, empruntée par Meigret aux Espagnols. Il sonne à la fin des mots contrairement aux autres finales ; c'est pourquoi on écrivait *avecque* devant les consonnes ; vieille orthographe, qu'on trouve encore chez les poëtes du xviie siècle, où elle passe pour licence.

D. On était d'accord au xvie siècle que le *d* ne termine aucune syllabe en français, si ce n'est à la fin de quelques mots pour raison d'étymologie : *gaillard, friand;* d'où *gaillardise, friandise,* et alors il sonne comme un *t* un peu adouci (3). L'usage l'admettait encore généralement à la

(1) Ch. Livet, *Gram. et Gram. franc.,* p. 276.
(2) J. Pillot, *Gallicæ linguæ Institutio,* p. 7.
(3) H. Estienne, *Hypomneses,* p. 55, 57, et 85, 92.

fin de la troisième personne du singulier de certains verbes, comme *craindre*, *joindre*, où il n'est plus mis aujour-
d'hui.

F. Au commencement, au milieu ou à la fin des mots,
cette lettre a toujours le son du latin ; seulement, il faut
remarquer qu'à l'époque qui nous occupe, la langue littéraire ne s'était pas encore débarrassée d'une certaine incertitude bonne à signaler : on écrivait *vefve* pour *veuve*,
tandis que, par imitation du patois angevin, on disait : la
fieuve pour la *fièvre*. N'avons-nous pas encore *bref*, de
breuis, et *neuf* de *nouus*, parce qu'il n'y a qu'un *u* dans
le premier et deux dans le second?

G. Le *G* a trois sons : il se prononce comme *i* consonne,
c'est-à-dire comme *j*, devant *e*, *i* : *gémir*, *gibbecière*, nous
dit Pillot, et après lui Robert Estienne, qui lui a pris tex-
tuellement sa règle et ses exemples. « Ce son du *j* consonne et de *g* dans *gémir* est propre aux Français et ne se
trouve dans aucune langue de l'Europe (1); » il a un son
plus dur, et se fait entendre, comme le *g* dur allemand,
dans *grenier*, *gosier ;* il sonne d'une façon particulière
dans *Allemagne*, *oignon*, comme dans l'italien *quadra-*
gnare, en français : *gagner* (2). C'est Pillot encore qui, le
premier, a signalé ce troisième son du *g ;* au commencement du siècle on ne le connaissait pas, car, « si notre *n*
mouillé eût existé en latin, quelqu'un des auteurs anciens
qui ont traité de l'alphabet latin, aurait fait mention d'un
son aussi remarquable (3). » De plus le *n* mouillé ne se
trouve dans aucun idiome germanique, tandis qu'il existe

(1) Ch. Livet, *Gram. et Gram. franc.*, p. 279.
(2) J. Pillot, *Gallicæ linguæ Institutio*, p. 11.
(3) *Méthode latine de Port-Royal*, p. 616 et 625.

en breton, en écossais, en irlandais, en un mot, dans tous les idiomes néo-celtiques.

H. La lettre *H* après le *c* forme tantôt le son représenté en allemand par *sch*, en anglais par *sh*, en italien par *sc*, dans les patois auvergnat et béarnais par *s* : *chercher, marcher;* tantôt le son du *k* : *chorde, cholère*. Le sieur de Palliot dit que dans ces mots il serait indifférent d'omettre l'*h,* ou de l'y laisser, parce qu'il ne se fait pas entendre ; aussi l'usage l'a-t-il supprimé, en dépit de l'étymologie. Souvent *h* est aspirée : *haut, harquebouze ;* quelquefois il est muet : *homme, heure, honneur*, dérivés de vocables latins.

L. Cette consonne a un son dur, autre quand elle est employée seule que quand elle est redoublée, malgré les tentatives des réformateurs Pelletier et Ramus, pour remplacer par un seul caractère la combinaison *ill* (1), qui représente *l* mouillé propre aux Français et à une foule d'autres peuples : *piler* et *piller*, un *filet*, une *fille*. A la fin des mots les uns prononcent *l* qui a le son doux et liquide : *il vient, ils disent;* mais les courtisans n'en font rien : *i vient, i disent*, ce qui aujourd'hui est une prononciation vicieuse, usitée seulement au fond des campagnes. Dans le corps des mots, *l* ne se prononce pas non plus après les diphthongues *au, ou*, excepté dans *coulpe, poulpitre;* dites donc sans faire entendre *l* : *aultrement, pouldre*, comme nous l'écrivons maintenant (2).

M. *M,* au commencement des syllabes, a le même son en français que dans les autres langues; mais à la fin des

(1) Le premier voulait *lh*, d'après l'habitude des Dauphinois ; le second *l*.

(2) Voir la discussion de ce point de linguistique dans l'*Origine de la langue française,* p. A. de Chevallet, t. II, p. 61 et 163, 165.

syllabes, soit dans le corps des mots, soit à la fin, il se prononce comme un *n : temporel, hymne*, se disait : *tanporel, hinne*. Il ne sonne pas à la fin des mots : *nom*.

N. *N* est dur au commencement des mots, et à la fin il ne se fait pas entendre ; au milieu, comme nous l'avons vu à propos du *g*, il est quelquefois liquide, ainsi que le fait remarquer Ramus dans ses *Ecoles grammairiennes*. **Au** temps d'Henri Estienne, on reconnaissait déjà la règle d'écrire avec un seul *n* les dérivés d'*honneur*, qui pourtant en prend deux, et l'on ne prononçait ni l'*n* ni le *t* aux troisièmes personnes du pluriel. Cette lettre commençait aussi à remplacer le *g* étymologique dans *connaistre*, et mots semblables.

P. A la fin des mots, tantôt cette consonne se prononce comme dans *beaucoup* (où le peuple a tort de la négliger), *trop, camp ;* tantôt elle est muette, comme dans *champ*. Et si ce dernier doit être distingué de *chant*, c'est sur les finales de celui-ci, non de *champ*, qù'on devra insister (1).

Q. Quoique Quintilien regarde cette consonne comme une lettre inutile, que le *c* pourrait remplacer, Pillot en parle, parce que, dit-il, son intention est de disserter sur ce qui existe, et non sur ce qui pourrait exister. Jamais *q* n'est employé sans *u*, et ces deux lettres forment le son du *k* allemand ou du ×; grec : quelques années plus tard, Abel Mathieu partageait son avis (2).

R. La lettre *R*, que Perse appelle *canine* (3), a un son dur, trop dur même à la fin des mots pour les oreilles françaises, qui sont très-amoureuses de l'euphonie (4); aussi la

(1) H. Estienne, *Hypomneses*, p. 66.
(2) Dans ses *Devis de la langue française*.
(3) ... *Sonat hic dente canina Littera...* (Sat. i.)
(4) Pillot, *Gallicæ linguæ Institutio*, p. 8.

remplace-t-on par une autre, *s* par exemple ; ou la sup-
prime-t-on : *mecredy, abre, mabre* (1), prononciation encore en usage dans les campagnes aux environs de Paris ;
ou bien encore en adoucit-on la rudesse en lui donnant un
son mixte, ou en la prononçant si peu qu'on l'entend à
peine ; ce qui toutefois ne se fait jamais au milieu des
mots. *R*. final, au xvi⁰ siècle, ne sonnait pas toujours, et
la prononciation des mots *diné, déjeuné* tendait à s'introduire ; bientôt même l'usage la permit aux poëtes.

> « Parbleu, je viens du Louvre, où Cléonte, au *levé*,
> Madame, a bien paru ridicule *achevé* (2). »

S. Entre deux voyelles, *s* se prononce comme *z : raser,*
maison, comme s'il y avait *razer, maizon ;* mais *s* a un son
plus plein et plus ferme dans *haulser, penser, danser.* Il
siffle au commencement des mots :

> « Pour qui *sont* ces *serpents* qui *sifflent* sur vos têtes ? (3) »

Il disparaissait déjà, quoique étymologique, au milieu de
certains mots, dans la prononciation du moins, comme
honeste, maistre, en attendant que dans l'écriture il fût
remplacé par un accent circonflexe.

T. La lettre *T*, outre le son propre qu'elle a, se prononce
comme *c* dans les noms en *ion : diction,* prononcez comme
s'il y avait *diccion.* Ainsi écrivent ceux mêmes qui ne savent ni le latin ni l'orthographe française, ainsi écrivent
quelques savants qui imitent et pensent qu'on doit imiter
en cela les ignorants. Ce n'est qu'Antoine Oudin qui posa
la règle d'une manière plus générale : « *T* devant les syllabes : *ia, io, ie* prend le son de l's : *patience, partial, in-*

(1) Voir ci-dessus, Ire partie, p. 29.
(2) Molière, le *Misanthrope,* act. ii, sc. v.
(3) Racine, *Andromaque,* act. v, sc. v.

tention. Cette lettre a le singulier privilége de se prononcer quelquefois par raison d'euphonie sans être écrite : *désire-il* (1) ; voilà l'origine de notre *t* euphonique. S'il s'est introduit par l'usage, l'usage aussi l'a laissé se perdre à la fin de certains mots ; au xvie siècle on écrivait : *je va, tu vas, il vat*.

X. A la fin des mots l'*X* ne diffère en rien de l'*s* : *chevaulx, cheveulx ;* au milieu des mots, c'est une lettre double en français comme en latin : *exemple, excepté ;* ce n'est que dans Palliot qu'on voit remarquer le son du *z :* *sixième, dixième*.

Z. Le *Z* dans le corps des mots sonne comme *s* entre deux voyelles, et l'on frappe légèrement la langue contre les dents de devant : *hazart*. A la fin des mots, il ne diffère en rien de l'*s*, si ce n'est par la forme.

Y. Meigret avait déjà mis en usage l'*y*, lorsque le son de l'*i* est bref, comme dans la plupart des diphthongues où il ne s'efface pas : *moyen, royal ;* mais les grammairiens de la fin du siècle ne l'ont pas suivi dans cette voie, et c'est seulement beaucoup plus tard qu'on a profité de son initiative. Toutefois, Robert Estienne s'est préoccupé de cette lettre, et même beaucoup, parce qu'elle se rencontre fréquemment dans la langue du temps et surtout des âges précédents. L'*y*, dit-il, s'emploie au commencement des vocables où *i* viendrait seul, comme *yvraie, yver*, parce qu'il ne peut se joindre par sa forme avec la lettre suivante. C'est bien là une remarque d'imprimeur, mais qui confirme l'idée juste de Meigret ; aussi ajoute-t-il qu'en général il sert à séparer des syllabes dans des cas douteux : en*voyer, voyage*, au lieu de en*voier, vo-iage*.

(1) Voir ci-dessus, IIIe partie, p. 69, et I, p. 14.

V. — Des lettres muettes et de l'orthographe.

Jean Pillot aborde ensuite une intéressante question, celle des *lettres muettes* (1); il y a, en effet, en français, un grand nombre de lettres qui s'écrivent, mais qui ne se prononcent pas. Notre auteur, que nous demandons la permission de citer en latin, pour donner une idée de son style, ajoute les réflexions suivantes : « De his autem, nihil certi potest tradi, quia omnes hujusmodi litteras, ut superfluas et otiosas omittunt plurimi viri docti, censentes nobis aut ita scribendum, ut proferimus, aut ita proferendum, ut scribimus. Quod utinam vel ab omnibus, vel ubique fieri posset, ut quidam linguæ gallicæ scientissimus tentat ; sed vereor ne laterem lavet. »

Le grammairien à qui Pillot fait allusion et dont il partage si manifestement les opinions, est Meigret. Nous connaissons la lutte qu'il soutint contre des Autels ; Pelletier et Ramus, nous le savons (2), ont aussi élevé la voix pour la même innovation grammaticale, qu'ils jugent très-légitime. Mais ni Meigret, Pelletier et Ramus, au xvi⁰ siècle, ni Expilly au xvii⁰, ni l'abbé Dangeau, Dumarsais, l'abbé de Saint-Pierre au xviii⁰, ni Domergue et Marle au xix⁰, n'ont réussi à faire admettre complétement ce système réformateur. Sans doute l'orthographe atteindrait à la perfection, si à chaque son répondait dans l'écriture un signe particulier, de telle sorte qu'on ne dût jamais prononcer le même signe de deux manières différentes, ni que jamais le même son n'eût dans l'écriture deux signes différents. Mais il n'existe pas une seule langue où cet idéal soit réalisé, et la nôtre, moins que toute autre, pouvait avoir cette pré-

(1) J. Pillot, *Gallicæ linguæ Institutio*, p. 9.
(2) Voir ci-dessus, Iʳᵉ partie, p. 20.

tention. Formée d'éléments assez divers, elle eut trop longtemps une orthographe abandonnée à tous les caprices des écrivains ; ensuite, des raisons de clarté ont souvent fait écrire les mots autrement que le voulait leur étymologie. « Le mot *sceau,* par exemple, dont nous dérivons *sceller,* qui vient de *sigillum,* en vieux français *séel,* devrait s'écrire *seau,* comme on l'écrivait à l'époque qui nous occupe, et, par conséquent, *seller.* Mais comme nous avons déjà *seau,* de *situla,* un vase à puiser de l'eau, on a trouvé bon d'accepter une irrégularité d'orthographe, qui rend plus facile la distinction de ces deux mots (1). » Nous comptons bien des mots aussi, dont l'usage, ce grand maître du langage, comme dit Horace (2), a dénaturé l'orthographe : « *acolyte* devait s'écrire *acoluthe,* puisqu'il vient d'ἀκόλουθος ; on devrait écrire un testament *holographe* et non *olographe,* puisque ὅλος est surmonté d'un esprit rude, et que, pour une raison pareille, on n'écrit plus aujourd'hui, comme autrefois, *istoire,* mais bien *histoire* (3).

Reconnaissons toutefois que si, maintenant encore, on peut signaler de nombreuses irrégularités dans la manière d'écrire les mots de notre langue, les tentatives des réformes radicales ont eu quelques bons résultats. Nous les avons indiqués en général plus haut (4) ; entrons ici, avec Pillot, dans quelques détails qui jetteront une certaine lumière sur la question. On reconnaîtra que sa théorie n'a rien d'exagéré et qu'elle repose presque toujours sur une base étymologique ; longtemps encore on n'écrira pas

---

(1) E. Egger, *Not. élément. de gram. comp.,* ch. xxi.
(2) *Epître aux Pisons,* v. 72.
(3) E. Egger, *Not. élément. de gram. comp.,* ch. xxi.
(4) Voir ci-dessus, Ire partie, p. 21.

mieux les mots suivants qu'il ne l'a fait : « A : *bailler, as-
sailly ;* — B : *plomb, je doibs, prebstre ;* — C : un *poinct,
sainct, faict ;* — D : *adjoindre, admonester ;* — E : je *man-
geay ; séel* (sigillum) ; — F : *briefvement, affection ;* — G :
besoing, cognoistre ; — H : *honneur, homme ;* — N : *ayment, disent ;* — P : *compte, escripre ;* — R : *arrester ;* —
S : *estre, maistre, masle ;* — T : *lettre ;* — V (u) : *quatre,
langue* (1). » Malheureusement, à la suite de cet examen
des *lettres,* il ne donne pas de règles précises sur l'emploi
des *lettres capitales.* Pour trouver ces règles il faut aller
jusqu'au sieur de Palliot.

Comme on le voit, notre auteur, tout en ayant en quelque sorte fait cause commune avec les réformateurs, n'est
pas tombé dans leurs exagérations, et nous devons l'en fé-
liciter. En les suivant dans ce que leur système avait de
bon, il a contribué pour une certaine part, dès le xvie siècle,
à l'amélioration de notre orthographe.

Les efforts des écrivains du xviie siècle portèrent aussi
leurs fruits ; enfin Voltaire, qui pour avoir voulu être trop
absolu, échoua, comme ses devanciers, fit toutefois con-
tracter l'usage de la diphthongue *ai* pour *oi* (2); Racine
avait encore dit, dans *les Plaideurs :* C'est un exploit que
ma fille *lisoit !* De nos jours, *clef* et *bled,* pour *clé* et
blé, sont presque des archaïsmes.

Le rêve du xvie siècle s'est donc en partie réalisé : la
langue française s'est peu à peu débarrassée de cet attirail
de lettres parasites que lui avait léguées le latin ; l'orthographe se perfectionne tous les jours, et maintenant l'on

(1) J. Pillot, *Gallicæ linguæ Institutio,* p. 9.
(2) Voir là-dessus les savantes *Thèses de grammaire,* de M. B.
Jullien, 1 vol. in-8°. Chez Hachette, Paris. Ce n'est qu'en l'année 1835
que l'Académie françoise se décida à reconnaître officiellement l'orthographe de Voltaire, et à devenir l'Académie française.

peut dire, surtout en s'appuyant, comme nous le faisons, sur une grave autorité, que « grâce aux efforts de nos grammairiens, grâce à l'influence de l'Académie française, notre langue s'écrit d'une façon qui concilie assez bien l'étymologie avec les formes nouvelles de notre grammaire, sans méconnaître l'irrésistible puissance de l'habitude (1). »

Telles sont les doctrines de nos premiers grammairiens, et particulièrement de Jean Pillot, relativement à l'alphabet, à la prononciation et à l'orthographe ; doctrines sages, comme nous avons pu le remarquer, inspirées par une heureuse et rare modération dans ces temps de réformes hardies et de polémiques passionnées. Bien qu'antérieures à celles de Ramus, combien leur sont-elles supérieures ! Peut-on comparer cette théorie alphabétique, destinée à un jeune homme, et qu'un enfant comprendrait, à la division que fait Ramus des voyelles en voyelles ouvertes et en voyelles fermées, des consonnes en demi-voyelles liquides ou muettes et en demi-voyelles fermes ? A notre avis, il n'y a de préférable en ce siècle, au point de vue grammatical, sur cette question que les théories de Henri Estienne et de Théodore de Bèze, parce qu'elles sont plus complètes ; mais aussi, ces auteurs vinrent longtemps après notre érudit et profitèrent assurément de ses doctrines.

VI. — Méthode de l'Institution de la langue française.

Pillot, si l'on veut bien y regarder de près, se recommande encore par la méthode de son enseignement. Son livre est plus complet que ceux de Garnier et d'Abel Ma-

(1) E. Egger, *Not. élément. de gram. comp.*, ch. XXI. — Voir, à ce propos, IIIe partie, p. 127. — Voir encore les cahiers de *Remarques sur l'Orthographe française* (pour l'Académie en 1673) publiés chez Aubry en 1863, par Marty-Laveaux.

thieu, qui pourtant vinrent après lui. Quoique partisan de la réforme de notre orthographe, il ne s'égare pas à la suite de Meigret, il expose la prononciation en usage de son temps et se contente de signaler les améliorations qui lui semblent légitimes, et que l'usage a généralement consacrées. La forme de sa leçon est méthodique, simple et pourtant quelque peu variée. Il se sert de mille moyens pour se faire comprendre : tantôt c'est la prononciation d'un mot grec qu'il appelle à son secours, d'après l'école d'Erasme, ou d'après l'usage des Grecs d'Orient, ou encore d'après l'exemple de Cicéron ; cela serait intéressant à constater. Seulement il est difficile, pour ne pas dire impossible, d'arriver ici à la certitude ; mais nous croyons, d'après les habitudes toutes latines de Jean Pillot et sa grande connaissance de la littérature romaine, que cette méthode lui a plutôt été inspirée par la lecture de Cicéron. Tantôt encore il cite un mot allemand, tantôt une exception latine, tantôt même un ridicule. Veut-il apprendre à son élève comment se prononce l'*i* devenu consonne, c'est-à-dire le *j* moderne ? Il dit que cette lettre doit sonner dans *jalousie* et *jeunesse* d'une façon analogue à l'*h* français, mais avec un sifflement un peu plus dur, sans toutefois tomber dans l'excès des Allemands, qui prononcent comme si l'on écrivait *schalousie, scheunesse* (1). — Veut-il fixer le son de l'*R*? Il raconte la « manie des petites Parisiennes, qui, pour rendre leur langage plus flatteur et plus suave, disent: *mon pèze* pour *mon père, ma mèze* pour *ma mère* (2). » Ne serait-ce pas là l'origine, à distance, de ce ridicule des Incroyables du Directoire, qui supprimaient les *r*, disant

(1) J. Pillot, *Gallicæ linguæ Institutio*, p. 8.
(2) C'est d'ailleurs du parler berrichon. — Voir à ce sujet E. Littré, *Hist. de la lang. franç.*, t. ii, p. 115.

Gaat pour *Garat,* et visant à la mignardise en prononçant : *panacé* pour *panaché?* O inconstance de la mode ! Ce même peuple de Paris, qui au xvie siècle et à la fin du xviiie avait horreur de l'*r,* disait au xviie : mon *courin,* ma *courine,* au lieu de mon *cousin,* ma *cousine,* mettant *r* pour *s,* comme auparavant il avait employé *s* ou *z* pour *r !*

Pillot est donc un professeur consciencieux, qui, pour être clair, fait souvent appel à son érudition, et qui ne recule pas devant un certain laisser-aller pour frapper davantage l'attention de son élève, et rompre en même temps la monotonie inséparable d'un enseignement aride.

VII. — Doctrines des Grammairiens français du XVIe siècle sur les Parties du discours.

Jean Pillot, comme son prédécesseur Meigret et son imitateur Garnier, compte huit *Parties du discours.* Celui-ci, voulant sans doute marcher sur les traces des grammairiens latins, ne sépare pas l'article du nom : celui-là, n'osant pas plus innover que Garnier, imite les grammairiens grecs et fait de l'interjection une variété de l'adverbe. Tous deux confondent le substantif et l'adjectif ; car ils s'entendent mal sur la nature et le rôle de l'un et de l'autre ; mais il n'y a rien là qui doive nous étonner, puisque ce malentendu qu'on retrouve encore dans Oudin, Vaugelas et ses commentateurs, le P. Chifflet, le P. Buffier, d'Olivet, Dangeau, etc... n'a été bien nettement éclairci que dans la grammaire de Beauzée (1750).

Dans l'examen qu'ils font tous deux de ces huit parties du discours, Garnier semble à M. Ch. Livet bien supérieur à Pillot ; nous serons souvent de son avis : comme lui nous pensons qu'en certains points Garnier a une méthode plus sûre et plus claire. Mais M. Ch. Livet (1) ne nous paraît

(1) P. 270.

avoir étudié Pillot que dans l'édition donnée à Paris, chez Jacob Kerver, en 1581 (1), tandis qu'il cite l'ouvrage de Garnier comme ayant paru en 1558 ; nous comprenons alors la préférence du savant auteur de la *Grammaire et des grammairiens français au* xvie *siècle*. Mais nous avons montré, dans notre deuxième partie (2) et au commencement de celle-ci (3), que le *Gallicæ linguæ institutio* de Pillot a vu le jour, pour la première fois, à Paris, chez Estienne Groulleau, en octobre 1550. Cette date est donc à l'honneur de notre auteur; et lui donne sur Garnier une partie au moins des avantages que M. Charles Livet attribue involontairement à celui-ci. En effet, si Garnier est plus complet et plus clair que Pillot, il a pu être guidé par ses devanciers et par les progrès que la langue et la science grammaticale faisaient de jour en jour à cette époque d'ardentes études.

Ramus ne dit pas combien il reconnaît de parties du discours ; les Estienne suivent la vieille tradition qui en reconnaît neuf. Nous allons les passer chacune en revue, en groupant, comme nous avons fait pour l'alphabet, les doctrines des principaux docteurs de ce siècle.

VIII. — **L'article.**

Pour Dubois, l'article n'existe pas ; Meigret, tout en admettant la présence de l'article dans notre langue, n'avait pas osé l'introduire dans les Parties du Discours : il ne reconnaît du reste, comme articles, que *le, la, les,* et ne soupçonne pas les articles composés *du, des,* qui ne sont à ses yeux que des prépositions. Pillot, plus hardi en cette

(1) P. 270.
(2) P. 55.
(3) P. 56.

circonstance, en fait une partie d'oraison à part; mais il ne nous révèle rien de bien remarquable sur l'article, dont la principale fonction est pour lui de faire connaître le genre et le nombre du nom qui suit. Ni Garnier, ni Mathieu n'ont soupçonné davantage le véritable rôle de l'article; ni même Ramus, qui le définit : « un nom qui fait au singulier masculin *le,* au féminin *la,* et pour le pluriel de l'un et de l'autre *les.* » Henri Estienne, le premier en France, fait remarquer que la particule *du* semble participer de la nature de la préposition et de l'article, que *le, la, les,* ne peuvent souvent pas s'employer sans qu'on détermine le nom devant lequel ils sont placés. Il fut évidemment conduit à ce progrès sensible, fait dans la vraie théorie grammaticale de l'article, par sa *comparaison du langage français et du grec.* Vaugelas, au xviie siècle, et ses commentateurs Patru et Thomas Corneille, sont donc bien coupables de ranger encore *de* et *a* parmi les articles, puisque Henri Estienne les avait mis sur la voie de la vérité; et M. Charles Livet a donc tort de dire que les abbés Dangeau et d'Olivet ont été les premiers à rétablir la véritable fonction de ces deux mots (1).

On déclinait alors l'article, et avec quelque raison :

L'accusatif est semblable au nominatif, l'ablatif au génitif; au lieu du vocatif, on emploie l'adverbe : *ô,* qui, du reste, s'exprime rarement en prose. *De* génitif et ablatif, sert pour les deux genres : le *fils de Jean,* le *fils de Marie;* — de même le datif *a : Je l'ai dit à Pierre, à Marie.* Mais *a* doit toujours être marqué de l'accent grave, ajoute Pillot, qu'il soit article ou préposition; seulement il se trompe grossièrement en faisant *a* et *de* des cas de l'article, ils ne sont jamais que prépositions.

(1) Ouvrage cité, p. 287, n. 1.

Dubois, Meigret et Pillot signalent l'emploi fréquent de l'*infinitif* précédé de l'article, de l'infinitif *substantivé*, se lon l'expression fort juste de Joachim Du Bellay : *Le boire, de boire, à boire*. Par conséquent, pour n'avoir pas de gérondifs à la manière des Latins, notre langue, grâce à son article et au continuel usage de ses prépositions, n'est pas, sous ce rapport, inférieure à la leur, ni à celle des Grecs. Cette fonction faisait donner à l'infinitif la qualification de *matériel* (1), parce qu'alors le verbe, qui exprime une action ou un état, est pris pour la chose qui agit ou qui est dans cet état : *le boire* est pour *ce que l'on boit*, comme dans cet hémistiche : *scire tuum nihil est, scire* exprime la *science* elle-même, et non l'action de savoir. Ne trouvonsnous pas, en effet, dans notre bon La Fontaine :

> Et le financier se plaignait
> Que les soins de la Providence
> N'eussent pas au marché fait vendre *le dormir*
> Comme *le manger* et *le boire* (2).

Jean Pillot, qui a signalé, avec l'explication ci-dessus, l'emploi de l'infinitif matériel, fait, pour terminer sa théorie de l'article, cette contestable remarque : « L'article joue un rôle bien plus important en français qu'en latin et qu'en allemand, parce que nous ne pouvons sans lui distinguer les cas ni les genres, nos noms ne présentant jamais que deux terminaisons (3), l'une pour le singulier, l'autre pour le pluriel. » C'était sans doute comprendre le caractère analytique de notre idiome ; mais on peut lui objecter d'abord que les noms terminés en *tion* sont tous féminins ; ensuite il n'est pas juste de dire que, sans

---

(1) J. Pillot, *Gallicæ linguæ Institutio*, p. 10.
(2) Fable VIII, 2.
(3) J. Pillot, *Gallicæ linguæ Institutio*, p. 10.

l'article, nous ne pouvons distinguer les cas ni les genres. Cette erreur, soutenue dans l'antiquité, a été, dès le ııe siècle de notre ère, réfutée par Apollonius Dyscole, qui a donné une théorie vraie et complète de l'article ; elle lui a pourtant survécu, car nous la retrouvons dans les fragments du grammairien byzantin Théodose, publiés par M. Gœtting (1). M. Raynouard, dans ses *Recherches sur la langue romane* (2), admet que l'article s'introduisit dans les langues néo-latines pour suppléer aux flexions casuelles, qui tendaient à disparaître, et pour caractériser les substantifs ; mais il n'attribue pas à ce mot la propriété d'exprimer spécialement le genre et le nombre. C'est donc un progrès sur les grammairiens du xvıe siècle. Condillac (3) a, le premier chez nous, bien compris et clairement exposé la nature de l'article. Enfin, peut-on établir un juste point de comparaison, relativement à l'article, entre les Français et les Latins, qui n'en ont pas, qui n'en ont pas même besoin, au dire de Quintilien (4)? J. Pillot, puisqu'il a vu plus clair que ses devanciers sur cette question, sans pour cela la bien comprendre, aurait mieux fait de compléter sa théorie de l'infinitif *substantivé*, ou *matériel,* comme il l'appelle, en faisant remarquer le fréquent emploi de l'article devant nos participes, à l'instar des Grecs : *le gagnant, le perdant, le survivant;* ὁ νικήσας, ὁ ἡττωμένος (5).

(1) P. 80.
(2) P. 38.
(3) *Grammaire*, part. II, ch. xıv.
(4) *De Institutione oratoria*, liv. IV, § 19.
(5) E. Egger, *Not. élém. de gram. comp.*, p. 56.

IX. — **Le nom.**

Pillot vient de nous donner des armes pour le combattre ; si le nom en français n'a qu'une terminaison pour chaque genre, pourquoi s'obstine-t-il à le décliner, comme dans la langue latine, qui a des flexions casuelles ? La raison en est que cet auteur, comme nous l'avons montré plus haut (1), est un esprit timide, il n'ose pas innover, il ne s'écarte des méthodes latines et grecques qu'à la dernière extrémité ; son respect pour les anciens l'aveugle à tel point, qu'il ne s'aperçoit pas, malgré ce qu'il vient de dire, qu'en déclinant *le chartier, du chartier, au chartier,* il ne fait que recommencer la déclinaison de l'article : tout le siècle est tombé dans la même erreur à ce sujet.

Il faut reconnaître qu'il règne une grande confusion dans les théories des grammairiens de ce temps sur le nom, et cette confusion provient de ce qu'ils ne distinguent pas l'adjectif du substantif, toujours égarés par les anciens. Mathieu seul a évité cet écueil, et encore est-ce involontairement. Sans parler des différentes espèces de noms, qui lui paraissent inutiles, Pillot s'occupe des genres et des nombres, donne des règles de la formation du féminin et du pluriel. Cette théorie n'est-elle pas plus philosophique que celle de Ramus, qui dit que, parmi les noms, substantifs et adjectifs, le substantif est celui qui est d'un seul genre ? N'est-elle pas surtout plus grammaticale, partant meilleure, que la division faite par le même Ramus des mots en simples ou composés, mots qui ont des nombres et mots qui n'en impliquent pas, mots finis ou infinis ?

Si le langage était d'accord avec la nature, tous les noms substantifs qui conviennent à l'homme ou aux animaux

(1) Voir ci-dessus, IIIe partie, p. 60.

mâles seraient masculins; tous ceux qui conviennent à la femme ou'aux animaux femelles seraient féminins. Mais il suffit de parcourir la longue liste des noms masculins et des noms féminins, que donnent la plupart des grammairiens modernes, pour s'assurer que c'est le caprice, et non la raison, qui a présidé à la distinction des genres. Aussi, nos érudits, qui ne semblent pas soupçonner en cela l'influence de l'usage, disent que les noms d'hommes, de fonctions masculines, d'artisans, de mois, de monnaies, d'arbres, sont masculins; que les noms féminins sont ceux des femmes, des fonctions féminines et des fruits. Ils se tiennent donc plus près de la nature que des formes grammaticales.

Pour former le féminin dans les adjectifs, on ajoute un *e* au masculin : *constant, constante; effronté, effrontée;* la dernière consonne du masculin est quelquefois doublée devant l'*e : bon, bonne; cruel, cruelle;* les adjectifs terminés par *x* changent *x* en *se :* heu*reux,* heu*reuse.* Cette théorie laisse donc peu à désirer; elle signale même certains substantifs, qui prennent une terminaison féminine, comme les adjectifs; tels sont : *parent, parente; ami, amie* (1). Cette remarque est très-juste, mais ne pourrait-on pas voir dans ces mots aussi bien des adjectifs que des substantifs?

Les règles de la formation du pluriel sont aussi, dès le xvie siècle, à peu près complètes. Jean Pillot insiste, et il est le premier à le faire (2), pour que l'on remplace le *z* final par une *s* dans les substantifs et dans les adjectifs au pluriel. On peut dire qu'il fait ici entrer notre orthographe dans une voie nouvelle de progrès, car Meigret tient pour

(1) J. Pillot, *Gallicæ linguæ Institutio,* p. 12.
(2) Voir ci-dessus, Ire partie, p. 32.

le *z*, dans beaucoup de mots, entre autres : *propos, pro-
poz*. Toutefois, on n'avait pu encore se soustraire à l'influence du passé, et l'on aimait mieux changer, dans les
vocables terminés par *ant* ou *ent, t* en *s* que d'ajouter *s* à *t*.
C'est, selon nous, altérer le radical en pure perte ; d'autant
plus que cette règle n'est pas appliquée aux monosyllabes,
qui conservent toujours le *t* final : des *dents*, des *gants*. Il
est vrai de dire que jusqu'alors *ts* formaient un double
emploi : on ne les trouve pas plus dans les manuscrits que
ps dans *corps, temps* (1).

Tout le xvie siècle a signalé la règle qui veut que certains
pluriels se terminent par *x* au lieu de *s*, comme *cheveux,
chevaux*. Ménage lui-même fut très-embarrassé pour en
expliquer la raison à Louis XIV (2).

Quant à la place de l'adjectif, elle est après le substantif :
le *vin blanc* et non le *blanc vin*. En cela les Français suivent la nature, qui demande la substance avant l'accident;
néanmoins, c'est l'agrément et l'euphonie qu'il faut consulter, et la place n'influe pas sur le sens (3). Mais il n'en
sera pas toujours ainsi, car Henri Estienne dit positivement que l'adjectif se place tantôt avant, tantôt après le
substantif, qu'il qualifie, et que de sa position résulte parfois quelque différence, comme : *grosse femme*, et *femme
grosse ; sage femme* et *femme sage; homme estrange* (qui
se disait alors pour *étranger*) et *étrange homme*. Le premier, il donne ensuite les règles suivantes, qui ont puissamment contribué à fixer la langue : « en général les
adjectifs, s'ils désignent une couleur, se placent après le
substantif : *bonnet blanc, vin rouge;* s'ils désignent la

---

(1) Voir ci-dessus, Ire partie, p. 31.
(2) Voir la solution de cette question dans M. Fr. Wey, p. 294.
(3) J. Pillot, *Gallicæ linguæ Institutio,* p. 21.

bonté ou la beauté, avant le substantif : *bon pain, beau cheval.* Beaucoup d'autres adjectifs n'ont pas de place marquée, et l'on dit également bien, sans que le sens varie, *vaillant homme* et *homme vaillant* (1). »

Tous les grammairiens de ce temps-là n'appliquent encore qu'aux adjectifs les règles des degrés de comparaison. Le comparatif se forme en plaçant *plus* devant le positif, et le superlatif en plaçant la syllabe *très,* du grec τρεῖς, comme le prétendent Estienne et Joachim Périon ; mais M. de Chevallet dérive notre adverbe *très* de la préposition latine *trans* (au delà) (**2**). Il faut excepter de cette règle *bon, mauvais,* qui ont un comparatif irrégulier : *meilleur, pire;* mais dont le superlatif est régulier : *très-bon, très-mauvais ; petit,* qui fait *moindre* et *très-petit.* Garnier, sur cette question, n'a rien dit de plus que Pillot ; tous deux mentionnent ensuite les adverbes et les prépositions, qui peuvent prendre un comparatif et un superlatif : *prudemment, plus prudemment, très-prudemment ; près, oultre : plus près, plus oultre.* Ces deux mots ne reçoivent pas de superlatifs, l'usage ne l'a pas voulu. L'autorité des érudits a bien encore consacré l'emploi de certaines particules, comme : *bien, trop, beaucoup,* qui donnent aux adjectifs, adverbes ou prépositions, la valeur d'un comparatif. Rien de plus avancé ni de plus complet n'a été dit dans ce siècle.

Ici, J. Pillot fait une remarque fort sensée : « Quelques-uns, dit-il, voulant enrichir notre langue, lui donnent un superlatif à l'imitation des Latins ; ils disent pour *très-sça-*

____

(1) H. Estienne, *Hypomneses,* p. 154-159.

(2) C'est d'ailleurs l'opinion de M. L. Feugère (édition de H. Estienne), de M. Ampère, dans son *Hist. de la form. de la lang. franç.,* et de M. E. Egger, dans ses *Not. élém. de gram. comp.,* p. 93.

vant, sçavantissime; pour *très-bon, bonissime ;* pour *très-révérend, révérendissime* (1). » Ces formes sont dues à la cour, qui les avait empruntées aux Italiens, et « elle faisait alors tellement autorité, qu'il valait mieux se tromper avec elle, que bien parler avec les autres, et que l'on a toujours raison avec ce mot : *Elle l'a dit* (2). » Oudin a fait ensuite la même observation à propos de ces formes qui, du reste, ont traversé les âges. Malherbe et ceux qui, de son temps, savaient le mieux la langue, employaient *grandissime,* et quelques autres ; aujourd'hui encore ces façons de parler se rencontrent, mais seulement dans les titres honorifiques : *sérénissime, révérendissime.*

De la langue pittoresque de l'Italie nous est venue aussi la collection variée de nos diminutifs, que les écrivains du xvie siècle aimaient tant (3) ! Jacques Dubois s'était occupé sérieusement de ces formes gracieuses, et la théorie qu'il en donna est fort remarquable. Meigret semble ne la pas connaître. Jean Pillot a repris, en les développant, les données de Jacques Dubois, et n'a rien laissé à dire de plus à ses successeurs. Les diminutifs se forment en ajoutant : 1° la terminaison *et* pour le masculin, *ette* pour le féminin, *Jacques, Jacquet, Jacquette, garçon, garçonnet ; maison, maisonnette, mol, mollet, mollette.* 2° La terminaison *ot otte : Pierre, Pierrot, Pierrotte ; Jean, Jeannot, Jeannotte* (4). 3° La terminaison *in : Janin, Janine.* 4° La terminaison *on : enfant, enfançon ; chat, chatton.* 5° La terminaison *eau : larron, larronneau.* 6° La terminaison *astre :*

<hr>

(1) J. Pillot, *Gallicæ linguæ Institutio,* p. 21.

(2) J. Pillot, *Gallicæ linguæ Institutio.* — Voir le développement de cette grave question dans notre IIIe partie, ci-dessous, p. 131 et suiv.

(3) E. Egger, *Notions de gram. comparée,* p. 148.

(4) Les paysans champenois disent encore une *cachotte* pour une *cachette : Jouer à la cachotte.*

noir, noirastre, sourdastre. 7° La terminaison *ard, art :*
babillard, raillart.

Ces dernières n'indiquent pas tant une diminution de la
qualité, qu'une propension, une habitude, comme les suf-
fixes en *eur* et en *eux* (1).

X. — **Le pronom.**

Rien n'est plus propre, dit Pillot, à montrer toute la richesse et toute l'abondance de notre langue que la grande
variété des formes usitées dans l'emploi de nos pronoms.
Nos premiers grammairiens ont beaucoup divagué dans
leurs théories sur cette difficile question. Aussi, ne ferons-
nous connaître ici que les doctrines qui ont le plus contribué à fixer notre langue, celles de Jean Pillot et de Henri
Estienne. Toutefois, s'ils ont plus de mérite que les autres,
il faut avouer qu'ils n'ont pas su profiter des théories de
l'antiquité sur le *pronom,* notamment de celle d'Apollonius,
qui est développée avec tant de finesse et où se trouve exposé le véritable rôle de cette partie d'oraison. Mais on
leur doit une certaine clarté et une certaine méthode d'ex-
position. Nous allons en juger.

En français, comme en latin, les pronoms se divisent en
trois classes : les démonstratifs, les possessifs et les relatifs. Ils se déclinent comme les noms, à l'aide des articles,
qui sont toujours, ne l'oublions pas, confondus avec les
prépositions *de* et *à;* et ils présentent trois ordres de déclinaisons : le premier contient les trois pronoms de la
première classe : 1° *je* ou *moy;* pluriel : *nous;* 2° *tu* ou
toy; pluriel : *vous;* 3° *soy,* des deux genres.

Dans le deuxième, il faut ranger les autres pronoms dé-

(1) J. Pillot, *Gallicæ linguæ Institutio,* p. 22.

monstratifs et relatifs : 1° *ce, cest, ceste ;* pluriel : *ces, ceux, celles ;* 2° *cestuy-ci ; cest* ou *ceste-cy ;* pluriel : *ceux-cy, celles-cy ;* 3° *cestuy-là* et *cest-là ;* pluriel : *ceux-là, celles-là ;* 4° *il* ou *luy, elle ;* pluriel : *ils, elles.* 5° *Qui, quel, lequel, quelle, laquelle ;* pluriel : *qui, quels, quelles, lesquels, lesquelles ;* 6° *Le, la, les,* qui se rapportent à une personne ou à une chose. 7° *Y* et *en,* dont le premier rappelle le lieu, et le second s'applique au lieu et à la personne.

Le troisième ordre de déclinaisons comprend les possessifs : 1° *Mon, mien,* le *mien ;* pluriel : *mes, miens,* les *miens ;* féminin : *ma, mienne,* la *mienne ;* pluriel : *mes, miennes, les miennes.* — 2° *Ton, tien, le tien ; ta, tienne, la tienne ;* pluriel : *tes, tiens, tiennes, les tiennes, les tiens.* — 3° *Son, sien, le sien, sa, sienne, la sienne ;* pluriel : *ses, siens, les siens, les siennes* (1).

Cette théorie se recommande à plus d'un titre : l'auteur a raison de décliner nos pronoms, car il est certain que *je, me, moy ; tu, te, toy ;* attestent les vestiges de la déclinaison latine : vérité qui n'avait échappé ni à Dubois, ni à Meigret, et que les grammairiens du siècle suivant ont généralement reconnue.

Pillot a ensuite très-bien montré la composition, que certains démonstratifs admettent aux deux genres et aux deux nombres : *cestuy-cy, celui-là ; ceux-cy, ceux-là.* . et de plus parfaitement expliqué la différence de signification qui existe entre les particules additionnelles : *cy et là.* Nous trouvons aussi, dans ces modèles de déclinaisons, *me* et *te,* que Garnier omet, on ne sait vraiment pourquoi.

Pendant la première moitié du xvi° siècle, on disait : *cestuy-cy, celuy-là ;* mais non *celuy-cy, celuy-là ;* la règle

(1) J. Pillot, *Gallicæ linguæ Institutio,* p. 22 et suiv.

est formelle dans Meigret ; c'est Pillot, le premier, qui constate l'emploi de *cestuy-cy* et de *celuy-cy*, de *cestuy-là* et de *celuy-là*, et l'usage lui a donné raison.

Reconnaissons cependant qu'il règne dans ce chapitre, tout remarquable qu'il est pour le temps, une certaine obscurité. Ce système de trois ordres de déclinaisons est arbitraire, et nous aimons mieux l'idée qu'a eue Garnier. Reconnaissant, comme Pillot, trois classes de déclinaisons, il fait qu'elles répondent chacune à chaque classe de pronoms ; ce qui est plus clair. Pillot a seulement soupçonné l'emploi de *le, la, les*, comme pronoms, sans distinguer de l'article cette espèce de mots. Garnier a formellement fait cette distinction, et c'est un véritable service qu'il a rendu à la grammaire.

Nous trouvons plus tard, dans Pierre de la Ramée, une remarque intéressante : c'est l'emploi de *mon, ton, son*, pris pour le féminin devant un mot commençant par une voyelle : *mon âme, ton audace, son arrogance ;* mais il n'obéissait alors, comme maintenant, qu'à une raison d'euphonie.

Henri Estienne a sans doute fait beaucoup pour cette partie du discours, comme nous allons le voir ; toutefois, nous croyons sa division des pronoms tout arbitraire, et nous préférons celles de Pillot et de Garnier. Il prétend qu'il y a d'abord des pronoms primitifs : *je, tu,* ou dérivatifs : *mon, ton;* puis, que les uns sont démonstratifs : *je, tu, ce, cest ;* les autres relatifs : *soy, il, eulx;* enfin, qu'il y en a un tantôt démonstratif, tantôt relatif : *il, luy.* Le lecteur jugera. Mais, ce qu'on ne peut lui refuser, c'est d'avoir reconnu les genres des personnes, signalé leur figure : *je* (simple), *moy-mesmes* (composé), d'avoir indiqué, le premier, les deux pronoms, dont l'un est sujet, l'autre complément devant certains verbes (1), que, pour cette raison, les grammaires modernes appellent *pronominaux*.

Nous lui devons encore d'avoir fait connaître l'influence qu'exerce quelquefois le cas d'un pronom sur le sens d'un verbe : *accorde-moy mon pardon ; accorde-toy aux circonstances*. Il a aussi montré dans notre langue l'usage fréquent des explétifs, connu des Grecs et des Latins : διζεό μοί τινα πύργον (Musée).

Qui metuens vivit, liber MIHI *non erit unquam* (2).

et que les Français s'étaient empressés d'adopter :

« Prends-MOI le bon parti, laisse là tous tes livres (3). »

L'emploi du pluriel pour le singulier, quand on ne parle pas avec familiarité : *je* vous *aime* pour *je* T'*aime*. La politesse veut encore, fait judicieusement remarquer l'auteur des *Hypomneses*, que l'on se nomme le dernier, en parlant de soi et d'un autre, contrairement aux latins : *Ego et tu valemus ; vous et moi nous nous portons bien.*

Henri Estienne a enfin préparé, par une importante remarque, la règle qui veut qu'en parlant de soi on remplace le pronom possessif par l'article, et qu'on dise : j'ai mal à *la* tête, pour : j'ai mal *à ma* tête.

Ainsi donc, à la fin du XVIe siècle, on avait sur l'emploi de nos pronoms des théories si complètes, que les grammairiens postérieurs ont bien pu les développer et les éclaircir ; mais ils n'ont eu que peu de chose à y ajouter. Cependant la vraie nature du pronom restait toujours dans l'ombre.

(1) H. Estienne, *Hypomneses*, p. 159 et suiv.
(2) Horace, épît. [illegible].
(3) Boileau, satire VIII, 179.

XI. — **Le verbe.**

Personne, avant 1550, ne s'était sérieusement occupé du verbe; probablement parce que c'est la plus difficile des questions relatives à la langue française. Aussi bien des *temps* font-ils l'objet d'une foule de controverses! On disait : *Je m'y en voy,* pour *je m'y en vay; j'ay sentu,* pour *j'ay senti; il s'en allit,* pour *il s'en alla.* Et réciproquement : *j'escrivay,* pour *j'escrivy; je le baisi,* au lieu de dire *je le baisay.* Marot reprend ceux qui disaient *frappi* pour *frappay,* et *renda* pour *rendi* (1). Quel était aussi, parmi les habitants de la France, celui qui savait et mettait régulièrement en usage le prétérit parfait ou indéfini, je ne dis pas de tous les verbes, mais seulement d'un ou deux (2).

Frappé de l'ignorance où l'on était de cette importante partie de notre langue, Robert Estienne, en 1542, avait publié un *Traité de la conjugaison des verbes* (texte et traduction française); il est vrai qu'il s'est borné à donner des paradigmes avec quelques « advertissements » çà et là, mais au moins il avait ouvert la route. Meigret, trois ans plus tard, embrouilla la question plutôt qu'il n'y porta la lumière. Pillot vit d'où venait le mal. Persuadé que, si jusqu'à lui personne n'avait bien traité cette question délicate de notre idiome, c'est que la confusion, alors inhérente à notre langage en état de formation, apparaissait aussitôt inévitable et décourageante, il commença par distinguer les différentes espèces de verbes :

Il en reconnaît trois : 1° les verbes actifs; 2° les verbes passifs; 3° les verbes neutres. Les premiers, s'ils sont per-

(1) Henri Estienne, *Dial. du lang. franç. italianisé.*
(2) J. Pillot, *Gallicæ linguæ Institutio,* chap. du *Verbe.*

sonnels, « conjuguent leurs prétérits à l'aide de l'auxiliaire *avoir*; s'ils sont unipersonnels, le pronom *il* les précède toujours. Les verbes passifs ou neutres, au contraire, unipersonnels, sont précédés de *on*; personnels, ils se conjuguent avec *estre* : les verbes neutres prennent cet auxiliaire à leurs prétérits, et les verbes passifs à tous leurs temps (1). »

Passant de là aux *temps*, cet érudit en trouve un de plus qu'en latin, parce que le prétérit parfait est double à l'indicatif; l'un peut prendre le nom de *prétérit défini*, l'autre de *prétérit indéfini*. Le premier, en effet, signifie une chose passée depuis longtemps, mais à une époque indéterminée : *je lus hier l'Évangile;* le second, une chose également passée, à une époque plus déterminée, mais non éloignée : *j'ai lu aujourd'hui l'Évangile.* L'exemple, quelques pages plus loin, vient confirmer la règle; premier prétérit : *j'aymay, tu aymas, il ayma,* etc... Deuxième prétérit : *j'ay aymé, tu as aymé, il a aymé.* Les âges suivants ont apporté de la précision dans la distinction que ce grammairien établit entre les deux prétérits; mais ils n'ont rien fait trouver de plus juste.

Comme ces devanciers, il admet quatre conjugaisons, qu'il distingue par la terminaison de l'infinitif, et non par le prétérit parfait de l'indicatif; car, ajoute-t-il, les caractéristiques du thème et les parfaits sont trop divers pour qu'on puisse en tenir compte.

La première conjugaison a l'infinitif en *er* : *aymer;* la deuxième en *ir* : *ouyr;* la troisième en *oir* ou en *re*, précédé d'une voyelle, comme *sçavoir, croire;* la quatrième en *re*, précédé d'une consonne : *craindre, rompre, vivre.*

Sur cette question, Pillot est le premier qui parle à peu

(1) J. Pillot, *Gallicæ linguæ Institutio,* chap. du *Verbe.*

près comme les modernes; car Meigret, qui reconnaissait aussi quatre conjugaisons, avait rangé dans la première les verbes en *er*, dans la deuxième ceux en *oer* (oyr), dans la troisième ceux en *re* bref comme *dire, faire,* etc..., dans la quatrième ceux en *ir*, comme *finir, jouir*... Robert Estienne avait suivi la même classification, dans son *Traité de la conjugaison des verbes*; Garnier même sur ce point est beaucoup plus vague que Pillot. Comme ce dernier, Ramus a distingué les verbes actifs, passifs, neutres et unipersonnels; il a accepté, mais sous bénéfice d'inventaire, la division que font ses prédécesseurs des verbes en quatre conjugaisons; car, dit-il, pour savoir si cette division est légitime, la recherche et observation de tous les verbes en feraient le vrai jugement : mais cela se pourra faire, quand nous aurons un dictionnaire français complet. Henri Estienne a suivi Pillot, à cette différence près, qu'il fait rentrer dans la troisième conjugaison les verbes en *re* (muet) : *dire, battre,* et comprend dans la quatrième ceux qui sont terminés en *ir*.

Les théories de Robert Estienne et de Meigret sur les *modes* ont fait loi au xvie siècle. Ces grammairiens distinguent l'optatif du subjonctif, et ce dernier cite cette phrase à l'appui de cette distinction : « *Dieu me fasse* (optatif) *pardon, quoyque je fasse mal!* » (subjonctif (1). On prévoit bien que Henri Estienne lui-même n'a rien trouvé de plus vrai à dire sur ces deux modes; pour faire faire un pas à cette théorie, il faut avoir des notions précises sur la valeur des propositions, il faut être plus avancé que ne l'était le xvie siècle sur la syntaxe. On trouve pourtant chez lui certaines corrections qui pouvaient mettre sur la bonne voie les grammairiens de l'âge suivant.

(1) Voir là-dessus notre thèse *de modo subjunctivo*, p. 27 et suiv.

Comme les verbes *avoir* et *estre* sont indispensables à la conjugaison des autres verbes, nos premières grammaires les donnent d'abord séparément.

Indicatif présent : La seconde personne du pluriel se terminait généralement par un *s*, au lieu d'un *z*, qui passait alors pour un archaïsme, et l'un disait et écrivait : *vous aymés, vous aymiés ;* les manuscrits du xviie siècle prouvent que cette orthographe était extrêmement répandue.

Prétérit imparfait : La première personne du singulier s'écrivait de trois manières différentes : *j'aymoy, j'aymoye, j'aymoys.* De ces trois formes, la première était surtout employée devant une consonne, probablement parce qu'elle ne pouvait produire un hiatus ; Marot et Alain Chartier ont fait usage de la seconde dans leurs vers ; la troisième était déjà la plus usitée en 1550, et Vaugelas a, dans la suite, confirmé cette opinion.

Premier prétérit parfait : Son emploi a été, nous avons vu (1), très-clairement déterminé, et de façon à né plus errer, ce qui était beaucoup pour le temps.

Second prétérit parfait, que l'on a aussi appelé *prétérit composé*, parce qu'il se conjugue avec le secours du verbe *être* ou du verbe *avoir.*

Prétérit plus-que-parfait, qui ne diffère du précédent que par l'auxiliaire qui est l'imparfait.

Futur.

Impératif.

Optatif présent, dont les noms indiquent assez les fonctions.

Optatif imparfait. Ce temps prend deux *ss* précédées

(1) IIIe partie, p. 99.

d'un *a*, qui se change en *i* à la première et la seconde personnes du pluriel, « parce que tous les imparfaits affec-
tionnent l'*i* à ces personnes : que *j'aymasse*, que nous
aymissions, que vous *aymissiez* » (1). C'est du reste ainsi
que l'on parlait à Paris et à la cours Les formes : *estimas.
siez* et *aymassiez* étaient des exceptions.

Prétérit parfait.

Prétérit plus-que-parfait, qui se conjugue avec l'imparfait optatif de l'auxiliaire.

Subjonctif présent, qui se conjugue ainsi que l'optatif
présent; exemple : Dieu veuille (ou) vu que *j'ayme, tu
aymes, il ayme, nous aymons, vous aymés, ils ayment.*
Mellin de Saint-Gelais fournit de nombreux exemples de
cette manière de conjuguer; mais beaucoup de grammairiens ont donné : que nous *aymions*, que vous *aymiés.*

Prétérit imparfait, où il faut distinguer les trois formes : *j'aimerois*, d'où Beauzée tire son suppositif, et nous,
notre conditionnel; *j'aymois*, qui ordinairement est précédé de la conjonction *quand* ou *lorsque*, et *j'aymasse*,
qui se confond avec le même temps de l'optatif.

Prétérit parfait.

Prétérit plus-que-parfait, qui se conjugue naturellement
de trois manières, d'après ce que nous avons dit plus
haut.

Infinitif présent.

Prétérit parfait et *plus-que-parfait.*

Futur de l'infinitif, qui manque dans la langue française et qu'on est obligé de rendre par une circonlocu-
tion.

Gérondifs et *supins*. « Les Français n'ont ni gérondifs
ni supins comme les Latins; ils rendent les premiers en pla-

____

(1) Voir IIIe partie, p. 107.

çant devant l'infinitif présent différentes prépositions : *de,
pour ;* ou bien ils tournent par le participe présent et la préposition *en.* Des supins la première forme (en *um*) du latin
se rend par l'infinitif présent actif : *allons combattre ;* la
seconde forme (en *u*) par le prétérit parfait de l'infinitif
avec la préposition *de : Ce livre est digne d'être lu* (1),
ou *d'avoir été lu.*

La voix passive n'est autre chose que le verbe substantif
estre et le participe parfait, lequel reste invariable au singulier ; au pluriel il prend une *s* et change de genre d'après
le genre du sujet. Ainsi donc, quand on connaît la conjugaison du verbe substantif, on connaît celle de tous les
verbes passifs.

Participes. Ils sont, comme les verbes auxquels ils appartiennent, *actifs* ou *passifs, présents* ou *passés : aymant,
aymé.* La forme en *ant* vient de l'imparfait de l'indicatif
par le changement de *ois* en *ant : aymois, aymant ; oyois,
oyant.* Le féminin dans les deux participes se forme par
l'addition d'un *e* à la terminaison du masculin : *aymant,
aymante ; aymé, aymée.* De plus, les participes se décli-
naient alors, comme les noms, en genre et en nombre à
l'aide des articles. Quant au pluriel, il se forme, comme
dans les substantifs et les adjectifs, par l'addition d'une *s.*
Les grammairiens d'alors ne soupçonnent pas encore la
distinction du participe présent et de l'adjectif verbal. Ramus
le premier, et, après lui, Arnaud et Lancelot (2) enseignèrent l'indéclinabilité du participe en *ant* et l'accord des

----

(1) Ch. Livet, ouv. cité, p. 317. — Voir là-dessus, *Histoire du
Supin et de la conjugaison latine,* par Galeron, Hachette, Paris 1864 ;
Bopp, *Sur la conjugaison sanskrite comparée à la conjugaison grec-
que et latine,* p. 43 ; et Priscien, liv. VIII, ch. IX et XIII.

(2) *Grammaire générale,* publiée en 1660.

adjectifs verbaux avec le nom. Pascal, dans ses fameuses *Lettres*, en fit l'application (1667); et, le 3 juin 1669, l'Académie put dire avec juste raison : « La règle est faite. On ne déclinera plus les participes présents (1). »

Pillot ne dit rien de la formation des participes passés; Garnier prévient qu'ils sont régulièrement, selon la conjugaison, en *e*, en *i*, en *u*; Abel Mathieu est encore moins complet, il a néanmoins signalé le sens latent des participes présents, passés et futurs : « Fabius Maxime *délagant* saulva la chose publique romaine. — Décius *mourant* saulva le peuple. — Le pellican *mourant* donne la vie à ses petits (2). Phrases équivalant à : Quand Fabius *délaga*; quand Décius *mourut*; quand le pellican *meurt*. » C'est tout ce qu'il dit de remarquable sur cette question. Avant eux Dubois et Meigret, tout en soutenant des principes contraires sur l'accord des participes, n'avaient rien dit de bon. Pillot n'a fait qu'effleurer cette question, mais au moins ce qu'il dit est juste.

Quant à l'accord du participe passé, accompagné de *avoir*, les grammairiens du xvie siècle se divisèrent en trois groupes : les uns faisaient constamment accorder le participe avec le régime, quelle qu'en soit la place, et, pour cela, ils reçurent le nom d'activistes; Palsgrave fut à leur tête. Les autres voulaient que le participe fût passif avant comme après le complément direct, et régi avec lui par le verbe transitif *avoir* (3); on les nomma passivistes. Meigret, leur chef, entraîné par son horreur pour toute lettre inutile, avait même traité l'accord, réclamé par Palsgrave, de lourde incongruité. Cependant, il avoua que la règle qu'il voulait

(1) B. Jullien, *Cours supérieur de grammaire*, I, p. 186.
(2) Ch. Livet, *ouv. cité*, p. 322.
(3) J. B. F. Obry, *Étude sur le part. passé franç.*, p. 12.

introduire était contraire au commun usage (1). Enfin d'autres faisaient le participe actif et régissant avant le régime direct, passif et régi après ce complément (2).

Pour avoir une règle logique à cet égard, il faut attendre Ramus, qui semble, au premier abord, combattre à la fois et les passivistes absolus et les activistes outrés ; car il pose en principe qu'on doit écrire : *Dieu nous a donné des grâces ; les grâces que Dieu nous a données.* Il oppose même à Meigret une pièce de Clément Marot, qui fixe bien la date de cette règle : *Enfants, oyez une leçon,* etc. (3). Quoi qu'il en soit, l'aveu de Ramus n'était pas sincère : partisan, au fond, des réformes de Meigret, il n'admettait, comme son prédécesseur, d'autre participe passé que celui qui peut être précédé du verbe *être*, nommant *infinitif supin* le participe passé construit avec *avoir* (4). En réalité, il n'y a là qu'une difficulté de mots. Quand Cicéron a dit : *Deus exploratum habet se fore in æternis voluptatibus* (5) ; qu'est-ce que *exploratum?* C'est un supin, selon les uns, un participe passé neutre, selon les autres. C'est toujours la même chose, car le supin n'est jamais qu'un participe passé neutre, pris absolument, comme les gérondifs sont le participe futur neutre (6). Quand le même Cicéron dit : *Si quando de amicitia, quam nec usu nec ratione habent cognitam, disputabunt* (7) ; c'est encore le participe pris, non plus absolument, comme dans l'exemple précédent, mais avec un nom auquel il se rapporte (8), et avec lequel

(1) Ménage, *Observations sur la lang. franç.*, p. 47-9.
(2) Obry, *Étud. sur le part. pas. fr.*, p. 13.
(3) Francis Wey, *Hist. des révol. du lang. franç.*, p. 321.
(4) Obry, *Étud. sur le part. pas.*, p. 17.
(5) *De Natur. deor.*, I, 19.
(6) B. Jullien, *Petite gram. lat. de Lhomond*, p. 70 et 112.
(7) *De Amicit.* 52.
(8) B. Jullien, *Cours supérieur de gram.*, t. I, p. 118 et 188.

il s'accorde, régi dans l'un et l'autre cas par le verbe *habere, avoir,* qui garde toute sa force active, tandis que lui participe ne cesse d'être passif (1).

Voici maintenant un paradigme de la première conjugaison ; il résumera les observations que nous venons de faire :

INDICATIF.

(*Temps présent*) :

J'   ayme.
Tu   aymes.
Il   ayme.
Nous aymons.
Vous aymez.
Ils   ayment.

PRÉTÉRIT-IMPARFAIT.

J'   aymois.
Tu   aymois.
Il   aymoit.
Nous aymions.
Vous aymiés.
Ils   aymoient.

1er PRÉTÉRIT-PARFAIT.

J'   aymay.
Tu   aymas.
Il   ayma.
Nous aymasmes.
Vous aymastes.
Ils   aymèrent.

2e PRÉTÉRIT-PARFAIT.

J'ay   aymé.
Tu as   aymé.
Il a   aymé.
Nous auons aymé.
Vous auez   aymé.
Ils ont   aymé.

PRÉTÉRIT-PLUS-QUE-PARFAIT.

J'auois   aymé.
Tu auois   aymé.
Il auoit   aymé.
Nous auions aymé.
Vous auiés   aymé.
Ils auoient   aymé.

FUTUR.

J'   aymeray.
Tu   aymeras.
Il   aymera.
Nous aymerons.
Vous aymerés.
Ils   aymeront.

IMPÉRATIF.

ayme.
Qu'il   ayme.
aymons.
aymés.
Qu'ils ayment.

OPTATIF.

(*Temps présent.*)
(Dieu veuille que) :

J'   ayme.
Tu   aymes.
Il   ayme.
Nous aymons.
Vous aymés.
Ils   ayment.

(1) Obry, *Étude sur le part. pas. franç.*, p. 157 et 158.

PRÉTÉRIT-IMPARFAIT.

(pleust à Dieu que) :
J'   aymasse.
Tu   aymasses.
Il   aymast.
Nous aymissions.
Vous aymissiés.
Ils   aymassent.

PRÉTÉRIT-PARFAIT.

(Dieu veuille que) :
J'aye   aymé.
Tu ayes   aymé.
Il ayt   aymé.
Nous ayons aymé.
Vous ayés   aymé.
Ils ayent   aymé.

PRÉTÉRIT-PLUS-QUE-PARFAIT.

(Pleust à Dieu que) :
J'eusse   aymé.
Tu eusses   aymé.
Il eust   aymé.
Nous eussions aymé.
Vous eussiés   aymé.
Ils eussent   aymé.

SUBJONCTIF.

(*Temps présent*) :
(Veu que)
J'   ayme.
Tu   aymes.
Il   ayme.
Nous aymons.
Vous aymés.
Ils   ayment.

PRÉTÉRIT-IMPARFAIT.

(Quand) :
J'   aimerois.
Tu   aimerois.
Il   aimeroit.
Nous aimerions.

Vous aimeriés.
Ils   aimeroient.

(Combien que) :
J'   aymois.
Tu aymois.
Il aymoit.

(Combien que) :
J'   aymasse.
Tu aymasses.
Il aymast.

PRÉTÉRIT-PARFAIT.

(Veu que) :
J'ay   aymé.
Tu as   aymé.
Il a   aymé.
Nous auons aymé.
Vous auez   aymé.
Ils ont   aymé.

(Combien que) :
J'aye   aymé.
Tu ayes   aymé.
Il aye   aymé.
Nous ayons aymé.
Vous ayez   aymé.
Ils ayent   aymé.

PRÉTÉRIT-PLUS-QUE-PARFAIT.

(*Quand*)

J'aurois   aymé.
Tu aurois   aymé
Il auroit   aymé.
Nous aurions aymé.
Vous auriés   aymé.
Ils auroient   aymé.

(Veu que) :
J'auois   aymé.
Tu auois   aymé.
Il auoit   aymé.
Nous auions aymé.
Vous auiés   aymé.
Ils auoient   aymé.

(Combien que) :

J'eusse aymé.
Tu eusses aymé.
Il eut aymé.
Nous eussions aymé.
Vous eussiés aymé.
Ils eussent aymé.

INFINITIF.
(*Présent et imparfait*).
Aymer.

PRÉTÉRIT-PARFAIT ET PLUS-QUE-PARFAIT.
Avoir aymé.

GÉRONDIFS :
D' aymer.

En aymant.
A ou pour aymer.

SUPIN PREMIER.
Aymer ou pour aymer.

SUPIN SECOND.
D'aymer ou d'estre aymé.

PARTICIPE PRÉSENT :
Aymant.

FUTUR.
Devant aymer.

PASSÉ.
Aimé.

J. Pillot, à qui nous avons emprunté ce paradigme comme se rapprochant le plus de la conjugaison moderne, consacre ensuite deux pages aux verbes neutres. Ils se conjuguent, dit-il, comme les verbes actifs, à cette différence près, qu'ils prennent le verbe *estre*, au lieu du verbe *avoir*, dans les temps composés : *Je suis venu.*

Il mentionne plus loin certains verbes irréguliers, comme *aller, vouloir, pouvoir,* ceux, du reste, que les grammaires latines signalaient à son attention.

Enfin, toujours fidèle, trop fidèle même, à l'imitation des latins, il donne les paradigmes du verbe unipersonnel *falloir,* qu'il a le tort d'appeler impersonnel ; puis, il conjugue, encore d'après les grammaires latines, un modèle d'unipersonnel passif : dénomination fausse, car en français cette forme est tout simplement la troisième personne du singulier précédée du sujet vague *on.* Nous aurions aimé trouver quelques mots sur les verbes pronominaux ; mais pour cela il fallait attendre les Estienne, comme nous l'avons montré au chapitre du *Pronom* (1).

(1) Voir ci-dessus III⁰ partie, p. 97.

Là se termine la théorie que Jean Pillot donne de nos verbes.

Pour la juger, il faut se reporter aux essais confus et aux incertitudes de ses prédécesseurs. Rien, en effet, de plus compliqué que le chapitre où Meigret enseigne de quels *temps* primitifs et par quels procédés se forment les *temps* dérivés ; rien de plus indécis que ses paradigmes surchargés de formes plus ou moins usitées ; rien enfin de moins complet et de plus barbare surtout que les conjugaisons semi-latines de Dubois ; Pillot, sans être encore satisfaisant de tout point, est plus complet et plus français que l'un, plus méthodique et plus clair que l'autre. Son paradigme de la première conjugaison montre la génération des *temps,* sans qu'on ait trop à regretter les règles de la formation qu'il a supprimées. Nous n'y trouvons pas, il est vrai, la forme j'*eus aimé,* donnée par Meigret et omise par Dubois, ni, par suite, l'optatif plus-que-parfait : j'*auray eu aimé,* et j'*eusse eu aymé,* qu'il remplace par j'*aurays* ou j'*eusse aymé ;* mais probablement à son époque notre *prétérit antérieur* n'était pas encore fréquemment employé, et déjà les deux autres formes étaient tombées en désuétude. Supprimant aussi la troisième personne du pluriel au *premier prétérit : ils aymarent,* donnée par le Lyonnais Meigret, sans doute sous l'influence des Méridionaux (1), qui l'ont conservée, il se contente de *ils aymèrent,* forme plus française, que l'usage et la postérité ont conservée.

Meigret fait jouer un rôle très-important à l'*optatif,* dont il multiplie les *temps ;* Pillot, faisant un pas vers les idées modernes, transporte plusieurs de ces *temps* de l'optatif au *subjonctif,* et semble tendre à confondre, comme

(1) Voir ci-dessous, p. 129.

on l'a fait depuis avec juste raison, ces deux *modes* en un seul (1).

Ce dernier érudit a donc apporté de la clarté et de la netteté à la conjugaison des verbes français. Si surtout on veut bien tenir compte de la fréquente incertitude où l'on était alors sur les formes à employer, on reconnaîtra sans peine que cette grammaire a encore, à ce point de vue, rendu un véritable service à notre langue littéraire : désormais on sait conjuguer les verbes français d'une façon régulière, ce que l'on ignorait complétement au commencement de ce siècle ; on connaît la valeur des *temps,* la fonction des *modes ;* et nous ne saurions trouver rien de plus net ni de plus précis chez Ramus et Henri Estienne.

XII. — **Parties indéclinables : Adverbes, prépositions, conjonctions.**

Déjà nous avons adressé quelques critiques à J. Pillot (2), relativement à la partie de sa grammaire qui traite des *mots indéclinables : adverbes, prépositions* et *conjonctions.* Nous n'insisterons pas sur chacun de ces chapitres, qu'on pourrait prendre à la rigueur pour des pages détachées d'un dictionnaire ; nous féliciterons seulement l'auteur d'avoir, pour ses *adverbes,* adopté la division si naturelle et si claire des adverbes latins en différentes classes. Vingt-cinq pages sont ensuite consacrées aux *prépositions,* qui sont étudiées minutieusement, chacune dans tous les sens qu'elle admet et toutes les constructions qu'elle prend. Les *conjonctions* françaises, bien moins nombreuses que les latines, sont divisées en copulatives et en conjonctives, disjonctives, causales, rationnelles, relatives et explétives.

(1) Voir notre thèse *de modo subjunctivo,* p. 28 et suiv.
(2) Voir ci-dessus IIIe partie, p. 65.

Pillot fait pour elles ce qu'il a fait pour les prépositions, il examine en détail leurs différents emplois , et c'est par là qu'il termine son livre. Seulement nous devons ajouter que cette dernière partie est la moins méritante de son ouvrage, surtout après les remarquables chapitres de Meigret sur ces mêmes questions.

En effet, ce grammairien, après avoir défini l'adverbe « une partie sans article, la signification duquel se joint communément aux verbes, qualifiant leur action ou passion, tout ainsi que fait l'adjectif des noms appellatifs ou propres, » en expose parfaitement la nature. « L'adverbe, dit-il, se remplace très-bien par une préposition suivie de son régime : *vivre avec sagesse,* pour *sagement ; courir de vitesse,* au lieu de *courir vitement.* » Meigret nous montre ensuite l'adverbe qualifiant aussi bien les adjectifs que les verbes : *fort noir; infiniment bon.* Pierre de la Ramée a été plus loin ; il nous apprend que l'adverbe, précédé de l'article, est mis pour le nom, comme *le* TROP *de bien gaste;* que les adverbes sont souvent employés sans nécessité ; *encore de rechef, puis après;* c'est le pléonasme qui est ici pour la première fois signalé. Henri Estienne commence par définir l'adverbe « un mot qui communément se joint au verbe pour montrer quelle est son action ou sa passion. » C'est plus français que la définition de Meigret, mais cela ne vaut pas mieux. Il divise ensuite les adverbes en deux espèces, l'une primitive, *ouy, non, bien, mal;* l'autre dérivative, notamment les adverbes en *ment,* qui proviennent d'un adjectif : *admirable, admirablement.* Meigret l'avait encore mis sur cette voie. Par la comparaison du grec, qu'il s'est plu à faire avec le français, Henri Estienne a été conduit à remarquer le fréquent usage que nous faisons d'un adjectif pour un adverbe : *Il* sent *bon.* Il montre ensuite le sens, l'étymologie, la composition de plusieurs adverbes très-usités dans la langue ; et l'on peut dire qu'en bonne justice c'est à Meigret et à lui que le xvie siècle est redevable de tout ce qu'il légua sur l'adverbe aux grammairiens postérieurs.

La préposition, selon Meigret, « est une partie de langage indéclinable, qu'on prépose aux autres parties par ajonction ou composition : le livre *de* Pierre (ajonction) ; *de mentir* (composition). » Il donne ensuite une juste distinction de la préposition et de la conjonction, et fait voir que, parmi celles-là, les unes sont simples, comme *de, du, des, au, aux, par, sus, sur,* les autres, composées, comme *envers, par devers.*

« L'imprudence avec laquelle Meigret a admis *au, aux, du, des,* parmi les prépositions, l'amène à disserter longuement sur la distinction des prépositions selon qu'elles demandent le singulier ou le pluriel, le masculin ou le féminin, qu'elles précèdent les voyelles ou les consonnes. S'il avait donné ces règles quand il a parlé de l'article, on aurait remarqué cette fine analyse ; ici on la déplore, puisqu'elle n'a pu faire éviter à l'auteur une faute grossière (1), » et qu'elle a entretenu les autres grammairiens longtemps dans la même erreur.

Bien que Ramus connût parfaitement les formes si fréquemment employées par les écrivains de l'âge précédent : *del, deu, do, dou, du ; al, au, ou, el, eu ; as, es, aus ; des* (2), il a toujours pris, comme Meigret, *a, au, aux ; de, du, des* pour des prépositions, qui « servent, selon lui, toutes aux verbes de mouvement local : *aller* A *la rivière, venir* DU *marché.* » Son examen des prépositions

____

(1) Ch. Livet, ouvrage cité, p. 98 et 99.
(2) Burguy, *Grammaire de la langue d'Oïl,* t. I, p. 46, Berlin 1853.

est, d'ailleurs, satisfaisant, quoique un peu obscur, parce que son esprit philosophique lui fait chercher sans cesse des principes, et il ne voit que des faits avec toute leur brutalité,

Robert Estienne avait pourtant déjà donné de la préposition, une définition qui aurait dû lui faire entrevoir la vérité : « petits mots qui se mettent devant les autres mots, quand on parle d'un lieu, d'un ordre, ou qu'on dit pourquoy : il est *dans* la chambre, je l'ai fait *à cause* de lui. » Henri Estienne s'est contenté d'ajouter plusieurs remarques très-justes, particulièrement sur *en, de, sur, après, avec* (1) ; et il montre de nouveaux emplois de ces prépositions, presque tous imités de la langue grecque, comme celui-ci : *avec le jour,* ἅμα τῇ ἡμέρᾳ.

Meigret est moins complet sur la conjonction que sur l'adverbe et sur la préposition ; Ramus n'est guère meilleur à consulter, à ce sujet, que Jean Pillot et Garnier, nous aimons mieux Robert Estienne, la définissant : « mot qui ne se décline point, mais qui sert à joindre et à assembler les mêmes espèces de parties d'oraison. » Henri a conservé cette définition, tout incomplète qu'elle est ; il a seulement, de plus que son père, signalé un emploi remarquable de *que,* encore emprunté des Grecs : « QUE *nous a fait que vous êtes si fort courroucé ?* »

Malheureusement tous les grammairiens de ce siècle, dans l'ignorance des origines du langage, ont méconnu la véritable nature de ces *parties indéclinables ;* ils ont établi des prépositions composées, qui ne peuvent avoir d'existence que dans leur imagination ; telles sont *vis-à-vis de,* provenant de *visage à visage ;* et, dans leur obstination à copier la grammaire latine, ils ont donné le

____

(1) *Traité de la conformité du Grec avec le Français,* p. 98-104.

nom de *préposition* à l'assemblage de deux prépositions,
d'un article et d'un substantif, parce que c'est la traduction exacte d'une préposition latine : *erga, à l'égard
de*. — Ils ont fait un adverbe de *dessus,* parce que les
Latins ont *desuper ;* mais en bon français c'est un nom,
autrefois *dessubs, desubs,* sur lequel nous avons mesuré,
par imitation, son corrélatif *dessous.* La preuve, c'est
qu'il pouvait jadis être complément de préposition : *par-
dessus,* et qu'aujourd'hui nous le faisons fréquemment
précéder de l'article : *le dessus, le dessous.* On peut faire
la même observation sur les *conjonctions.* Nous n'insisterons pas davantage ; cela suffit pour montrer à quelles
erreurs a pu entraîner, et entraîne encore des érudits modernes, l'ignorance de nos premiers textes et des origines
de notre langue.

XIII. — L'Interjection.

L'interjection n'a pas été distinguée de l'adverbe par
les Grecs, parce que, comme lui, elle se joint aux verbes ;
mais les grammairiens latins l'ont reconnue comme partie
du discours, parce qu'elle semble avoir par elle-même,
sans le secours d'aucun verbe, la signification d'un mouvement de l'âme (1). Rien donc d'étonnant que Dubois, dès
le commencement du xvie siècle, s'en soit occupé, et que,
dans un chapitre spécial, il ait fait remarquer la différence
entre *ouîch,* prononcé lentement pour exprimer le froid,
et *ouîch,* prononcé rapidement pour rendre la chaleur ; et
il finit ce chapitre en disant que les Français ont un nombre infini d'interjections, qui se trouvent dans les chansons populaires. Meigret n'a pas omis non plus cette ques-

(1) Priscien, XV, 7, p. 635, édit. Krehl.

tion : après une longue définition, juste au fond, il cite et classe quelques interjections, signale « l'emploi simultané de plusieurs d'entre elles pour un même cas, et aussi d'une même interjection dans des cas différents. »

Selon Garnier, c'est moins un mot qu'un son informe destiné à marquer un sentiment de l'âme. Pillot et Ramus n'en disent rien. Henri Estienne seul entre dans quelques détails et nous fait connaître les interjections les plus usitées : *hei* ou *hé, hau, hai, phiphi, hélas, hoé !* οἴ μοι des Grecs a fait chez nous *hoé ;* οἴ est devenu en latin *væ, gwai* dans la langue d'oïl, *guai* en italien et en espagnol (1). Mais le xvie siècle n'a pas soupçonné une autre classe d'interjections, tout aussi fréquentes et empruntées à d'autres parties du discours : ἄγε, *age, allons !* — ἐπιεικῶς, *benigne, très-bien !* — εἶεν, *esto, soit.* Du reste, ce sont plutôt des locutions elliptiques que des interjections (2).

XIV. — **Accents et signes de ponctuation.**

Il nous a semblé utile, surtout après le désir exprimé par A.-A. Monteil (3), de résumer ici les principales règles de ponctuation et d'accentuation, connues et appliquées au siècle qui nous occupe, et de rendre à chaque docteur, pour cette partie de la grammaire, comme pour les autres, la part d'honneur qui lui est due.

Meigret, en distinguant trois tons, l'accent aigu, l'accent grave, et l'accent déclinant ou circonflexe, a posé en principe, dès 1545, les véritables règles de notre accentuation ; seulement il n'écrit pas les différences de ton

(1) E. Littré, *Hist. de la langue française,* t. I, p. 67.
(2) E. Egger, *Not. élém. de gram. comp.,* p. 90.
(3) *Hist. des Français des différents âges,* chap. *Du libraire.*

qu'il reconnaît, puis se perd dans des distinctions trop subtiles de monosyllabes et de polysyllabes ; il ne voit guère dans les *accents* que le rhythme et la quantité, et même sous ce rapport sa théorie laisse beaucoup à désirer. D'abord il ne s'aperçoit pas que certains affixes font corps avec le mot qui les suit, et que, par suite, on ne peut leur appliquer ses règles, trop faites pour des monosyllabes isolés. Ainsi, dans ce vers monosyllabique de Racine :

« *Le jour n'est pas plus pur que le fond de mon cœur.* »

les accents portent sur les trois syllabes paires du premier hémistiche, et non sur les syllabes impaires, comme il le prétend, et n'atteignent plus, dans le second hémistiche, les syllabes que de trois en trois, savoir *fond* et *cœur*, de sorte qu'on a cinq accents et non six dans ce vers (1). Ensuite, Meigret oublie la loi fondamentale de notre accent tonique, par laquelle la syllabe sonore seule d'un mot doit être accentuée : *té* dans *impureté, pu* dans *impure*. Le vice de ce système est donc la confusion, faite par l'auteur, de l'accent tonique et de l'accent français, qui est tout autre chose.

Mais quittons les notions incertaines de Meigret pour les doctrines plus nettes et plus précises d'Étienne Dolet. Dans son ouvrage intitulé : *Des accents et de la ponctuation de la langue française,* fort remarquable pour son temps, il a fixé l'emploi de l'accent aigu, de l'apostrophe, de l'apocope, de la syncope, qu'il figure à l'aide de l'accent circonflexe : tu *doñras,* tu *laîras ;* c'est d'ailleurs la principale fonction de ce signe : *nous-mêmes ;* qu'il *mourît* : les Latins ne disaient-ils pas : *Pater hominumque* Deumque*?* Dolet reste muet sur l'accent particulier à l'*o*, à l'*e*, et ne

____

(1) **Ch. Livet,** ouvrage cité, p. 108.

nomme point, bien qu'il s'en soit servi, l'accent circonflexe ; tandis que Meigret, on ne sait trop pourquoi, le
nomme, mais ne s'en sert pas. Pillot ajoute à ces données
la synéléphe et le tréma, comme nous avons vu. Personne
après lui ne s'occupe de l'accentuation ; et pendant tout ce
siècle, la langue française resta privée de ces signes, bien
qu'on ait fixé la prononciation des *lettres* et des syllabes.

Etienne Dolet doit être considéré comme le Législateur,
en quelque sorte, de la ponctuation française, dont les
J. Pillot, les Garnier, les Mathieu, les Estienne même ne
s'occupent pas. C'est lui qui, avant Meigret, vers 1540,
donne à notre langue littéraire les signes suivants, pour
séparer les différents membres de la phrase : la virgule ou
incise, (incisum) «/», les deux points, *coma* (κόμμα)
« : », le point, *colon* chez les Grecs, *punctum* chez les
Latins « . »; puis les points d'admiration «!» et d'inter-
rogation «?»; enfin les parenthèses«(.....)». Ramus, seul,
a plus tard, sous le titre de *Formes de l'Oraison*, repris les
règles de Dolet et fait remarquer qu'elles étaient alors fort
mal observées.

A part le point et virgule, on avait donc, à la fin du
XVIe siècle, les mêmes notions que nous aujourd'hui sur la
ponctuation; et, si les livres et les manuscrits de ce
temps-là sont peu ou point ponctués, il ne faut pas tant
s'en prendre aux grammairiens qu'aux écrivains, aux co-
pistes et aux imprimeurs, qui négligeaient trop ces détails
de l'orthographe.

XV. — La Syntaxe.

La Syntaxe! s'écrie M. Livet, est-ce donc chez les Garnier, les Pillot et les Mathieu, est-ce même chez Ramus
que nous la trouverons? — Non. Et il a raison. Mais faut-il

trop les en accuser? L'antiquité ne nous avait légué sur cet important sujet que des notions fort imparfaites. Il est vrai que le principe sur lequel les grammairiens anciens s'appuient est juste : « Les mots, disent-ils, se divisent en classes ou catégories, comme nos idées, et chacune de ces classes a des formes particulières, conservant entre elles des rapports naturels de symétrie et de correspondance ; les rapports des formes grammaticales constituent les lois de la syntaxe, et par conséquent, plus ces formes sont nombreuses, plus les règles syntaxiques se multiplient, plus l'emploi de chaque mot se peut déterminer avec rigueur (1). » Mais malheureusement les conséquences ne répondent pas aux principes : les termes dont les grammairiens se servent sont vagues, souvent même incompréhensibles; ils ne connaissent pas la division, si élémentaire à nos yeux, de syntaxe *d'accord* et syntaxe de *dépendance;* ils n'ont pas le moindre soupçon de la syntaxe de *position.* Ensuite les écrivains qui se sont plus tard occupés de cette matière, n'ont fait que s'éloigner de plus en plus des doctrines déjà si incomplètes des grammairiens d'Alexandrie. Priscien, au vie siècle, traduit fidèlement les opinions d'Apollonius. Le manuel du moine Michel, au ixe siècle, ne fait pas non plus progresser cette science. « La seule œuvre originale que le moyen âge nous offre sur la syntaxe est le petit traité de Jean Glycas : περὶ Ὀρθότητος συντάξεως, où sont esquissées à grands traits, sans aucun souvenir des théories alexandrines, les origines et la constitution élémentaire du langage (2). » Maxime Planude revient à Apollonius Dyscole, qu'il se contente d'abréger. Théodore de Gaza, au xvie siècle, dans sa syntaxe « si substantielle et si obscure,

(1) E. Egger, *Apollonius Dyscole*, Synt.
(2) E. Egger, *Apollonius Dyscole.* Synt.

et Lascaris, si exclusivement empirique, » sont à peine dignes de remarques, et ne servent, pour ainsi dire, que de transition à l'érudition moderne ; enfin, « d'abrégés en abrégés, la science des alexandrins sur la syntaxe est devenue tout à fait méconnaissable dans ces manuels que les professeurs de la Renaissance appropriaient à la faiblesse de leurs élèves (1). »

Or, ces professeurs ouvrent précisément l'époque que nous étudions ; ils s'appellent Dubois (Sylvius), Meigret, Dolet, Pillot, Garnier, Abel Mathieu, Robert Estienne, Ramus, etc... Tout cela tient beaucoup à ce que la syntaxe d'une langue vivante s'apprend surtout par la pratique.

Mais *Dubois...*, tout préoccupé de débarrasser la langue française de ses origines latines, consacre de longs et fastidieux chapitres à exposer les changements qui s'opérèrent dans les lettres d'un vocable, lors de son passage du latin dans le français, à poursuivre des étymologies plus ou moins hasardées ; mais de la place que les mots doivent occuper dans la phrase, du rôle que le nom et le verbe jouent dans la proposition , pas le moindre détail. Dans son étude sur l'*adverbe,* « toujours trompé par son parti pris de rattacher toutes nos parties du discours , toutes nos phrases à des locutions et à des phrases latines , il arrive à écrire des formes, qui n'appartiennent à aucune langue (2), » et il ne semble pas se douter que la place de l'adverbe peut influer sur le sens. Dans les chapitres qu'il consacre à la *préposition* et à la *conjonction,* il se borne encore à traduire les principaux termes latins ; mais aucune règle sur ces espèces de mots, une nomenclature sèche et aride, quelques remarques sur la prononciation, selon les

(1) E. Egger, *Apollonius Dyscole,* Synt.
(2) Ch. Livet, *Gram. et gram. franç. au* xvie *siècle,* p. 47.

patois, voilà tout ce que nous trouvons chez cet auteur.

Meigret ne voit que sa réforme orthographique, et ne s'inquiète guère de la syntaxe ; c'est à peine si, dans son chapitre sur l'*article,* il signale les constructions de cette espèce de mot. Il a beau exposer ses théories d'une manière neuve, indépendante et originale, ses huit chapitres sur le *nom* ne renferment aucune règle sur les différentes places qu'il est susceptible d'occuper dans la phrase. Meigret parle avec justesse, en général, de nos *pronoms ;* mais il se borne à dire qu'ils sont ou *surposés* (sujets) ou *sousposés* (régimes), que dans les verbes actifs le surposé est l'agent, le sousposé le patient, et que le contraire arrive dans les verbes passifs ; enfin que le relatif *quel, quelle* doit être précédé de l'article *le* pour le masculin singulier, de *la* pour le féminin singulier, de *les* pour le pluriel des deux genres. Aucune règle de syntaxe à propos du *verbe.* La *préposition,* dit-il, se prépose aux autres parties d'oraison par adjonction ou par composition, et elle se supprime quelquefois, comme dans : la *rue Saint-Antoine* pour la *rue* DE *Saint-Antoine.* Quant à l'*adverbe,* il se contente de dire qu'il se place à côté du verbe qu'il modifie, et qu'il peut même modifier des adjectifs. Néanmoins, dans son dernier chapitre, comme s'il eût eu un remords, il indique « cette partie, que les Grecs ont appelée Σύνταξις, et les Latins *constructio,* que les Français peuvent nommer *bastiment* ou *construction,* ou ordonnance bonne de paroles ; » il dit encore que les mots ne doivent pas se placer pêle-mêle, et montre, par un exemple, dans quel ordre il faut les ranger. Mais voilà toute la part que Meigret a prise au développement si lent et si pénible de notre syntaxe.

Pillot vient ensuite ; et, pas plus que ses devanciers, il n'a songé à consacrer un chapitre particulier à la *syntaxe,* que Ramus le premier, en 1567, devait ériger en principe. Toutefois, il a mêlé à son étude des parties du discours certaines règles de constructions, certaines remarques plus nombreuses que chez ses prédécesseurs ; elles lui appartiennent en propre, et ont pu servir de point de départ aux écrivains postérieurs. Il est juste de lui en tenir compte ici. L'accord des genres et des nombres se fait d'après les mêmes règles qu'en latin, comme il le montre au chapitre du *nom*, dans ses nombreux paradigmes des déclinaisons. — L'adjectif, en général, doit suivre le substantif : *pain blanc, vin clairet ;* quelques-uns précèdent d'ordinaire : *bon pain, bel homme, belle femme.*

Le sujet de tout verbe personnel se place avant et est au nominatif, comme dans cette phrase : QUI CROIT *au fils de Dieu,* IL *ne* SERA *point condamné.* Le même exemple prouve aussi, bien que l'auteur ne le dise pas, que les compléments se placent après le verbe.

Dans les phrases interrogatives ou admiratives, les pronoms sujets se placent toujours après le verbe, dit Pillot le premier, et ils sont réunis au verbe par un trait d'union qui montre qu'on doit prononcer sans interruption le verbe et son pronom, comme s'ils formaient un seul mot : *Escris-tu ?* Ce n'est pas, du reste, le seul cas où le sujet puisse suivre le verbe : « Quand la période, dit plus tard Oudin, commence par un adverbe, il est indifférent de mettre le nominatif devant ou après le verbe. » La règle depuis est devenue positive; on la trouve dans les grammairiens les plus dignes de faire autorité : M. B. Jullien, entre autres, la signale dans sa grammaire française.

Le pronom *se* doit précéder le verbe, *soy* le suivre : *il* SE *flatte ; ne penser qu'à* SOY. Mais J. Pillot ne dit encore rien de la place de *me* et *te,* que probablement il assimilait dans sa pensée au réfléchi *se*. Garnier ici est plus complet, il associe ces trois mots, et, soit qu'on les emploie comme datifs, soit comme accusatifs, il veut qu'on les place toujours, sans intermédiaire, devant le verbe dont ils dépendent : *Je* ME *tay, et tu* TE *vantes;* de même pour le pluriel : *Je* VOUS *prie.* Il est même formel pour le cas où deux verbes se suivent accompagnés d'un pronom régime du second verbe, il veut qu'on dise : ME *venez-vous chercher?* Ce n'est que vers 1738, qu'on plaça immédiatement ces pronoms devant l'infinitif dont ils étaient régime.

Pillot remarque ensuite que, quand on interroge, le verbe se sous-entend souvent dans la réponse : *qui chante?* Réponse : *Moy. — A qui l'a-t-il faict? — A soy mesme,* ou à *luy-mesme.* Comme on le voit, le mot *mesme,* qui nous semble dériver du pronom latin *ipsum* et de la particule *met,* peut s'ajouter aux pronoms pour insister. Si nous voulons rencontrer la règle, qui proscrit le pronom *soi,* quand le sujet n'est ni vague ni indéterminé, il faut remonter jusqu'au xviiie siècle, car elle n'est observée ni dans Boileau, ni même dans le pur Racine.

Les particules *cy* et *là,* se doivent transporter après le substantif, s'il s'en trouve un immédiatement après le pronom démonstratif; on dira : *cest homme-cy,* et non *cest-cy homme.* Ramus lui-même n'a été ni aussi clair, ni aussi complet. Quelquefois on les omet, et l'on dit simplement: *cest homme* pour *cet homme;* mais elles sont toujours supprimées, si le démonstratif *celuy* doit être suivi du relatif *qui : Celuy qui sème escharsement, il recueillera escharsement.*

L'idée de Dubois, qui regarde *leur* comme un génitif, parce qu'il traduit bien *illorum,* dans *illorum liber,* leur livre, a été reprise et développée avec juste raison par J. Pillot, car cela est vrai en étymologie ; il en fait aussi un datif : *illis dedit, il leur a donné ; de leurs épées, je leur ay baillé deux escus.* Il faut encore attendre longtemps pour trouver la véritable distinction des deux sens de *leur* ; Ramus ne la soupçonne pas encore.

A cela se borne ce que nous apprend J. Pillot sur la *syntaxe française ;* pour la mieux connaître, il renvoie à l'usage et à la lecture des bons livres. C'est peu assurément quand on songe à l'influence qu'avait déjà notre langue, mais c'est beaucoup quand on compare ces quelques observations aux ouvrages de Dubois et de Meigret, qui ne disent rien ou presque rien sur cette importante question.

Ramus, qui pourtant a le plus fait sous ce rapport, ne s'occupe guère de la *construction* que pour les parties indéclinables du langage, l'adverbe, la préposition et la conjonction.

Rien non plus de particulier ni de remarquable dans les Estienne.

Que si maintenant on se demande pourquoi tout le xvi° siècle s'est peu occupé des principales règles de la syntaxe française, et pourquoi les grammairiens d'alors n'ont pu fonder la véritable science grammaticale, qui repose sur l'analyse philosophique de la *proposition*, la réponse est implicitement contenue dans ce que nous avons dit plus haut (1) de Jean Pillot, et qui est applicable à tous ses successeurs. Les doctrines de ce temps s'appuient trop sur l'étude du latin, du grec, de l'hébreu même, et les docteurs de la Renaissance, fiers de leur érudition, montrent autant de prédilection pour les langues anciennes que de dédain

-----

(1) Voir ci-dessus III° partie, p. 64.

pour les allures et le parler de leurs pères. Aussi qu'en résulte-t-il ? C'est que tous ces auteurs, malgré leur érudition, ou plutôt à cause de leur érudition, suivent pas à pas le plan des grammaires latines et des grammaires grecques, pour rédiger les traités grammaticaux sur une langue essentiellement analytique; par conséquent ils sont toujours en contradiction avec l'esprit du peuple pour lequel ils écrivent, avec la nature de la langue qu'ils s'efforcent de fixer. Au lieu de considérer le français en lui-même, et de tâcher d'en démêler le génie propre, ils ont sans cesse cherché des points de comparaison avec les langues classiques; de là ces théories trop souvent vagues, incomplètes et de courte portée; de là surtout l'absence d'une *syntaxe française,* écrite dans un esprit philosophique.

A l'époque qui nous occupe, les autres pays n'ont pas fait plus que nous. Ni Despautère en Flandre, ni Mélanchton en Suisse, ni Sanctius en Espagne, ni Bembo et Rinaldo Corso en Italie, n'ont plus connu que nos Dubois, Meigret, Pillot, Ramus et Estienne, la syntaxe de la proposition. Parfois seulement l'union de deux propositions est remarquée; mais rarement ils ont montré l'action de l'une sur l'autre.

XVI. — Influence des patois sur la langue littéraire.

En parcourant les grammaires du xvie siècle, on est frappé du soin donné à toutes les parties, qui se rapportent à la langue parlée, aux dépens de questions plus importantes, relatives au style littéraire. Meigret s'occupe surtout des *lettres,* de la prononciation et de l'écriture; Pillot, Garnier et Abel Mathieu s'arrêtent longtemps aux formes interrogatives et à la manière d'y répondre : C'est la partie la plus complétement traitée de leurs livres; et cela devait être, car ne perdons pas de vue que c'est pour

initier des étrangers à la langue française que ces méthodes, en général, ont été écrites, et que les auteurs se sont
plutôt proposé de donner à leurs élèves un *vade mecum,*
une espèce de dictionnaire de conversation, qu'une grammaire proprement dite. Aussi tout ce qui peut faciliter le
dialogue est-il particulièrement étudié, mais trop souvent
au préjudice de l'idiome classique.

Il n'est donc pas étonnant que ces grammairiens, au lieu
de donner des règles précises, ne laissent échapper aucune
occasion de rapporter certains usages provinciaux, sur lesquels il n'était pas inutile de prévenir, même dans un temps
où l'on croit volontiers que la langue littéraire était ramenée à l'unité. Les rapprochements qu'ils font prouvent
deux choses (1) : premièrement, que notre langue était encore soumise à tous les caprices de l'usage ; deuxièmement,
que les nombreux patois qui se parlaient sur toute l'étendue de la France, firent jusqu'à un certain point ressentir
leur influence à notre idiome littéraire. Ce sont les traces
de cette influence que nous essaierons de suivre dans les
grammairiens de ce temps.

Après avoir montré que l'adjectif doit, en général, se
placer après le substantif, parce que la substance doit en
bonne logique précéder l'accident, on se moque, dit l'un
de nos érudits (2), des Picards, qui font le contraire et disent : du *rouge vin* pour du *vin rouge.* Mais si l'on songe
qu'aujourd'hui, comme déjà à la fin du xvie siècle (3), la
place de l'adjectif a reçu des règles formelles, et que changer un adjectif de place, c'est souvent changer complète-
ment le sens, on se demande avec quelque raison si cet

(1) Voir là-dessus la préface de la *Franciade* de Ronsard.
(2) J. Pillot, *Gallicæ linguæ Institutio,* p. 21.
. (3) Voir ci-dessus, IIIe partie, p. 91.

usage de la Picardie n'aurait pas fait des progrès et ne serait pas pour une certaine part dans la différence qui existe de nos jours entre un *homme pauvre* et un *pauvre homme;* un *honnête homme* et un *homme honnête.*

Ces mêmes Picards ne suivaient pas la prononciation ordinaire du *c* devant un *e*, ils en faisaient un *c* chuintant, et disaient : *cherf, chent, cheux*, pour *cerf, cent, ceux,* tandis qu'ils prononçaient dur le *ch*, comme en latin : *kien, kat*, pour *chien, chat;* aussi est-il souvent difficile, au milieu de toutes ces bizarreries, de démêler l'origine véritable des vocables, et faut-il avoir recours quelquefois aux dialectes pour reconnaître les étymologies. Nous disons *chef* pour *tête*, qui vient évidemment de *caput:* les Picards ne seraient-ils pas pour quelque chose dans le changement de prononciation de cette consonne *c,* en passant du latin au français?

Ne quittons pas encore la Picardie; nous lui devons beaucoup : nous prononçons la diphthongue *eu* de façon à ne faire entendre ni l'*e* ni l'*u*, mais un son qui tient de l'un et de l'autre : *beuf, neuf;* or, les Picards prononçaient à cette époque *u* simple, disant : *Diu, ju* pour *Dieu, jeu.* C'est probablement, selon nous, à leur école que nous avons appris à dire, puis à écrire : *sûreté* pour *seureté, blessure* pour *blesseure;* et de même dans les participes passés passifs, masculins ou féminins, terminés en *eu, eue,* chez tous les grammairiens du xvi⁰ siècle, nous avons fini par substituer à cette diphthongue le son et le signe *u,* et nous disons aujourd'hui par toute la France, comme autrefois chez les Picards et les Bordelais : *j'ay* vu pour *j'ay* veu.

Si nous descendons maintenant en Normandie, nous trouvons que l'on écrivait et prononçait : *ma* fai pour *ma* foi; *donne-*mai pour *donne-*moi. Cette prononciation s'est étendue à la Bourgogne et même à l'Ile-de-France, car le peuple parisien disait et écrivait même : *parlet, allet, venet* pour *parloit, alloit, venoit*. Ce serait donc sous l'influence des patois normand et bourguignon que, plus tard, la diphthongue *oi* a sonné *ai* dans les imparfaits de l'indicatif : *j'aymois — ais ; tu aymois — ais* (1) ; et dans les conditionnels : *j'aymerois — ais ; tu aymerois — ais ; j'aurois — ais aymé*. Les imitateurs de l'italien allèrent même jusqu'à dire : *Anglès, Francès, Ecossès* pour *Anglois, François, Ecossois*. C'est ce qui explique suffisamment pourquoi l'on a dit : *Français, Anglais, Ecossais*, tandis que l'on conserve *toi, moi, foi* (2).

Mais la prononciation se modifiant, il fallait aussi modifier l'orthographe. Le xviiᵉ siècle se montra rebelle. Déjà, en 1675, un avocat au parlement de Rouen, nommé Bérain, avait proposé de substituer *ai* à *oi* dans certains substantifs et dans tous les imparfaits, dans tous les conditionnels et dans quelques infinitifs des verbes. La proposition de Bérain fut repoussée unanimement ou à peu près par les grammairiens et par les grands écrivains. Cent ans plus tard, Voltaire reprenait, nous savons (3), l'idée de l'obscur avocat rouennais ; il s'en déclarait l'apôtre le plus chaleureux, et, malgré d'Alembert, malgré l'abbé d'Olivet, malgré tout le monde, il entreprit d'avoir raison contre tout le monde. Pour commencer, il adopta dans ses écrits le changement controversé. Quelques littérateurs se détachant de

---

(1) Obry, *Étude sur le parl. pas. franç.*, n. G, p. 261. — Voir à ce sujet : 1º La *Gram. comparée*, de Raynouard, *passim* ; 2º L'*Étude sur la lang. Franç.*, de M. Fr. Wey, *Bibl. de l'école des Chartes*, I, p. 469. 3º Génin, *Variat. du lang. Franç.*, p. 20 et suiv.

(2) Voir comme les vicissitudes sont remarquablement exposées dans le mémoire de M. B. Julien sur ce sujet.

(3) Voir ci-dessus IIIᵉ partie, p. 81.

la masse, l'imitèrent. Mais, après la mort de ce grand ennemi de tous les abus, l'orthographe vulgaire avait repris son empire, lorsque, raconte-t-on, un correcteur du *Moniteur universel*, du nom de Collas, ressuscita dans le journal du gouvernement la révolution tentée par Voltaire. Celle-ci se fit du jour au lendemain. Le 31 octobre 1790, le *Moniteur* avait imprimé *oi;* le 1er novembre, il imprimait *ai*. La consécration officielle se fit néanmoins attendre jusqu'en 1835.

Voltaire fut moins heureux dans une autre tentative de réforme orthographique, nous voulons parler de la manière dont il écrit, dans ses ouvrages, l'imparfait de l'indicatif et le participe présent du verbe *faire : je fesais, fesant*. C'est une entreprise à la Meigret; et, comme elle n'a pas pour elle sa raison d'être, l'étymologie l'a emporté sur la prononciation, et l'on écrit et écrira probablement toujours : *je faisais*, sans cesser de prononcer : *je fesais*, comme au xvie siècle.

Nous avons pu remarquer, dans le paradigme de la première conjugaison citée plus haut (1), que les grammairiens recommandent de conjuguer : *que j'aymasse, que tu aymasses, qu'il aymast, que nous* AYMISSIONS, *que vous* AYMISSIEZ, *qu'ils aymassent*, comme plus doux à prononcer. On rencontre, du reste, cette forme dans les *mystères* (2); et Pillot ajoute qu'il a fréquemment trouvé dans ses lectures : *que nous aymassions, que vous aymassiez ;* que c'est même toujours ainsi que parlent et écrivent les Poictevins (3). L'exception n'aurait-elle pas avec le temps pris la place de

(1) Voir ci-dessus, IIIe partie, p. 107.

(2) Voir le mystère (*Destruction de Troye la Grande*), cité par M. Sainte-Beuve, *Tabl. de la poésie franç.*, au xvie siècle, p. 191 et 192.

(3) J. Pillot, *Gallicæ linguæ Institutio*, p. 44.

la règle, et nos imparfaits du subjonctif de la première conjugaison ne seraient-ils pas tout simplement un emprunt
de la langue littéraire au patois du Poitou?

Les Provençaux conjuguaient, comme encore aujour-
d'hui beaucoup de Méridionaux : *j'ayma, tu aymas, il
ayma, nous aymasmes, vous aymastes, ils aymarent* (1).
Meigret nous donne même cette troisième personne plu-
rielle. Pillot en a fait justice; mais sa règle ne fut pas de
longtemps observée, car on lit dans l'*Art poétique français*
de Pierre Delaudun Daigaliers (2), imprimé à Paris, en
1597 : « Les infinitifs en *er* forment leur prétérit parfait
en *a*, laquelle lettre *a* ils gardent en toutes les personnes. »
Donc cet *a* du Midi, qui, du reste, est de provenance latine,
s'est maintenu longtemps à toutes les personnes, beaucoup,
nous le croyons, sous l'influence du patois provençal (3).

Les Berrichons et les Lyonnais avaient l'habitude de
donner à la voyelle *o* le son de la diphthongue *ou*, et de
dire : *noustre, voustre*, pour *nostre, vostre* (4); nous
croyons que cette prononciation n'a pas été étrangère au
changement de *o* en *ou*, quand on a fait, dans la langue
littéraire, Dou*leur* de Do*lor*, Tou*Rment* de To*Rmentum* (5).

Si nous disons aujourd'hui : *je m'en vais, tu t'en vas, ils
s'en sont allés,* n'est-ce pas beaucoup à l'imitation des An-
gevins, qui ne manquaient pas de dire : *je m'en envais,
ils s'en sont en allés?* Maintenant encore, malgré le repro-

(1)   ou ai
    Cf : Compagnie
       ou ai
    Campagne, etc.
(2) P. 32.
(3) Voir, sur ces intéressantes questions que nous ne pouvons qu'indiquer ici, Burguy, *Gram. de la lang. d'Oïl*, Berlin 1855.
(4) E. Littré, *Hist. de la lang. franç.*, t. II, p. 116.
(5) Chifflet, *Grammaire*, 1697, p. 179.

che que leur a adressé leur compatriote Ménage, ils ne se sont pas débarrassés de cette répétition du mot *en;* et dans les campagnes du Vendômois et de la Touraine, on dit généralement : *ils se sont en allés.*

L'influence du patois angevin, d'après lequel on dit : *mettez-lé là* pour *mettez-le là; est-i' bêté c'ti-là* pour *est-il bête celui-là,* s'est fait généralement sentir, au xvie siècle, dans la prononciation aiguë de l'*e* muet; Meigret constate ce fait chez les « joueurs de passion, lesquels, pour le comble de vice, font une brève longue, comme *sire Pilaté* pour *Pilate.* »

Le patois de Champagne a aussi fourni sa part à notre langue littéraire; nous ne rechercherons pas dans quelle mesure, parce que notre sujet ne le réclame pas; mais on comprend que les Champenois Thibault IV, Villehardoin et Joinville aient fait sentir leur parler à l'idiome littéraire qu'ils devaient populariser.

Notre langue, qui d'ailleurs n'est elle-même qu'un de ces dialectes généralisé, leur est encore redevable d'une foule de mots qui font sa richesse. « Certaines provinces appellent *foyer* ce que nous appelons *âtre; * nous avons retenu les deux termes. Il en est de même pour *laudier* et *chenet,* pour *hétoudeau* et *chaponneau,* pour *brode* et *brunette. Appendre* a été pris par les Méridionaux sur les Latins; les Picards nous ont cédé *caboche* et *panse.* Les Gascons nous ont fait *tocsin,* que l'on ne saurait remplacer. A Paris, on disait une *voie* pour une *charretée;* nous avons réservé ce mot pour désigner une *charretée de bois;* les Parisiens d'aujourd'hui disent même : *une voie d'eau,* c'est-à-dire : *un voyage d'eau,* de *via. Eau* se dit dans certaines provinces, *aigue* ou *ève,* corruption d'*aqua;* ces

deux formes nous ont valu *évier* et *aiguière*..., etc. (1). »
La France a donc ainsi une veine inépuisable de mots dus
à la diversité du sol, des climats, et qui, plus heureux que
les expressions provinciales dont parle Tacite (2), ont pu
enrichir notre langue sans y apporter *un goût de terroir*.

XVII. — Influence italienne sur la langue du XVIe siècle.

La langue du xvie siècle ne ressentit pas moins la présence des Italiens, courtisans de Catherine de Médicis, que
l'influence des patois de nos provinces. Non-seulement
l'Italie nous a donné ses gracieux diminutifs et ses superlatifs en *issime* (3), qui sont restés chez nous des termes
honorifiques ; mais encore elle a fait changer beaucoup de
prononciations depuis longtemps en usage. Ainsi, exagé-
rant le son de la diphthongue *oi*, dans les mots où elle n'é-
tait pas tournée en *è* ou *é* (4), les courtisans lui donnèrent
la valeur qu'elle possède encore dans les mots *moi, toi, roi*,
prononcés auparavant *moe, toe, roe*, comme le démon-
trent les formes adoptées par divers néographes :

> « N'êtes-vous pas de bien grands fous,
> De dire *chouse* (5) au lieu de chose ;
> De dire *l'ouse* au lieu de l'ose ?
> Et pour trois mois, dire : *troas moas* ;
> Pour je fay, vai : je *foas, je voas* (6) ? »

Cette tendance, sensible dans Rabelais, l'est plus encore dans Ronsard.

(1) Voir, pour plus de détails, Henri Estienne, *Traité de la Précellence*, et Francis Wey, ouvrage cité plus haut, p. 433.

(2) Tacite, dialogue *de Claris oratoribus*, ch. xxviii «*vernacula vitia.*»

(3) Voir ci-dessus, IIIe partie, p. 93.

(4) Voir ci-dessus, IIIe partie, p. 127.

(5) Cette prononciation était due aussi à certains patois ; voir,
p. 129.

(6) Henri Estienne, *Dialogues italianisés* (1579).

Ils firent sonner de la même façon notre *e* ouvert :

> « En la fin vous direz la *guarre*,
> Place Mau*bart* et frère *Piarre* (1)... »

Ils dirent encore : *je m'y en voy* pour *je m'y en vay,* comme si *je voy* ne venait pas de *vado*. Ils prononçaient pareillement : *il s'en allit* pour *il s'en alla;* et réciproquement : *j'escrivay* pour *j'escrivy*. Les temps et les grammairiens ont fait justice des importations les plus violentes, mais elles ont toutefois laissé des traces profondes dans notre prononciation usuelle.

Depuis que les actes publics se rédigeaient en français, nos rois et nos magistrats, à l'instar des magistrats latins, qui disaient afin de montrer la supériorité de leur position : *nos consules* pour *ego consul* (2), avaient adopté ces formes : nous... savoir *faisons, mandons, ordonnons*. Pour se donner, eux aussi, de l'importance, les princes et les grands seigneurs imitèrent ces formules administratives, et ils le firent gauchement, employant dans la conversation : *je dirons, je ferons*. Les Italiens de la cour de Henri II exagérèrent ce défaut, et écrivirent : *j'allion, je venion*. Chose plaisante ! Une coutume provenant de la vanité nobiliaire s'est conservée dans le langage des classes modestes, et dure même toujours chez nos campagnards, qui certes n'y voient pas malice.

Comme de semblables altérations, dans la portion matérielle du langage, ne se produisent pas seules, et que le vocabulaire suit les destinées de l'orthographe, on ne doit pas être étonné du nombre d'expressions et de tournures

---

(1) Henri Estienne, *Dialogues italianisés* (1579).

(2) Cicéron dit, en parlant de lui-même, *Catil.* I, ch. i : « *Non* » *deest Reipublicæ consilium, neque auctoritas hujus ordinis ; nos,* » *nos, dico aperte, consules desumus.* »

que la langue italienne a fait passer dans la nôtre. Pour n'en citer que quelques-unes : *s'accommoder de* et *accommoder quelqu'un* (le rouer de coups); *mettre martel en tête; en user avec quelqu'un; en user d'une manière digne; à l'improviste.* Nous disions auparavant *cheval*, qui avait fait au moyen âge *chevalier* et *chevalerie;* au XVIe siècle, pour parler comme la cour, on a dit : *cavalier* et *cavalerie*, qui sont restés; au lieu de *capter*, on a fait usage de *captiver*, d'où *captiver la benevolence de quelqu'un.*

Peut-on passer sous silence l'apparition des mots : *poltron, poltronnerie* (pollice truncus), *spadassin, assassin, forfanterie, leste, faquin, fatal, désastre, fantassins, infanterie, escadron, patrouille, casemate, parapet, esplanade, embuscade, escalade,* puisés tous à la même source, et qui, en définitive, ont enrichi notre langue. Henri Estienne, qui fait un crime aux Italiens de ces importations, un peu à tort, nous croyons, aurait voulu qu'on empruntât davantage aux arts et métiers. Si la fauconnerie, dit-il (1), nous a donné *pantois, pantoiser,* d'où nous avons tiré *pantelant, prendre l'essort;* la vénerie : *mettre aux abois, curée, trace, erres, errements;* la marine : *ancre de salut, arriver à bon port; apporter* (ad portum), qui sont restés; les jeux : *c'est à racler et à bander par-dessus la chorde, courir après son esteuf, marquer sa chasse, faire son naquet,* presque tous, au contraire, tombés en désuétude; pourquoi n'a-t-on pas exploité ces mines fécondes de préférence à l'Italie? Notre langue littéraire, ainsi émaillée des pittoresques expressions de nos pères, aurait eu beaucoup plus d'originalité et de richesse. Il n'en veut qu'un exemple, le mot *avarice,* que nous pouvons rendre à l'aide de substantifs simples, tous plus expressifs les uns que les

____

(1) *Dialogues italianisés* (1570).

autres, sans compter une trentaine de périphrases variées, qui ne doivent rien aux Grecs, aux Latins ni aux Italiens. Parmi ces vieux termes, citons : *eschars, tenant, vilain, chiche, chiche-vilain, pincemaille, racledenier, serre-miette, pleurepain*, etc... (1) Pour reconnaître qu'Henri Estienne a bien raison, il suffit de lire quelques pages de Molière et de La Fontaine, qui en ont fait un si bon usage ! Mais nous ne pouvons nier pour cela que l'influence italienne ait eu son bon côté.

Malheureusement le mal est toujours à côté du bien. Pendant que notre idiome classique faisait provision de néologisme, souvent heureux, emprunté à la langue des Italiens, il était envahi de termes faisant équivoques ; par exemple, lorsque « d'*amazzare,* tuer, on tirait *amasser,* qui avait déjà un autre sens ; quand, adoptant le mot *forestier* au lieu d'étranger (forestière), on impliquait une confusion entre cette acception nouvelle et un garde des forêts ; lorsque, s'emparant du sens de *pigliare,* on parlait de *piller patience, piller un flambeau ;* et prenant *perfection* dans le sens de *profession, permission* dans celui de *promission,* ils disaient : *faire perfection d'une chouse ; c'est une terre de permission* (2). »

Que de mots encore ont été défigurés par la cour, et dont on attribue la mutilation à l'ignorance du bas peuple où elle s'est perpétuée ! Tels sont les vocables : *monition* ou *amonition* pour *munition ; crystère* pour *clystère ; phisolomie* pour *physionomie ; bouticle* pour *boutique,* et tant d'autres.

Si nous nous élevons du particulier au général, et que nous cherchions dans les œuvres de l'intelligence celles

(1) *Traité de la Précellence* (1579).
(2) Henri Estienne, *Dialogues italianisés* (1570).

qui, pour la langue, ont le plus admis les écarts de ce temps-là, nous reconnaîtrons que ce sont les pièces de poésies, presque toutes composées pour étaler de l'esprit et pour plaire à la cour. Les poëtes, en effet, rompirent avec le goût populaire, visèrent à l'affectation pour avoir du succès, et firent parade des vanités de l'érudition, qui flattaient leur amour-propre et chatouillaient l'oreille des grands.

« Durant la Renaissance, la cour n'écrivait, ne lisait, n'encourageait que la poésie. De là l'ascendant du langage fabriqué par elle sur l'opinion. Du goût régnant parmi les seigneurs et de la nécessité de les flatter, provient la corruption où fut précipitée la poésie française. Cette branche de la littérature, déviée de ses voies naturelles, n'avait presque plus rien de français que le titre, à une époque où les prosateurs l'avaient devancée de bien loin (1). Il était grand temps qu'*enfin Malherbe vînt*.

Notre prose, ordinairement reléguée dans le fond des provinces, parlée et écrite par des hommes qui appartenaient à l'humble bourgeoisie, ou qui vécurent loin de la cour, tels que Calvin, Charron et Montluc, garda un peu mieux l'empreinte si vive et si pittoresque du parler de nos pères, subit moins la funeste action des coteries littéraires, et accepta plus volontiers les préceptes des premiers grammairiens ; aussi, fit-elle au xvi⁰ siècle des progrès rapides et divers. Sous la plume de quelques-uns même, de Calvin, par exemple, notre langue a déjà pris les allures du grand siècle : non-seulement elle révèle, à ne pas s'y méprendre, le génie propre de l'idiome français, mais encore elle a une marche régulière et sûre qui dénote, jusqu'à un cer-

______

(1) Francis Wey, *Hist. des Rév. du lang. franç.*, p. 472. Voir encore là-dessus Ronsard, *Préf. de la Franciade.*

tain point, que nos premières doctrines grammaticales n'ont pas été sans influence sur sa formation.

XVIII. — Conclusion : État grammatical de la langue à la fin du XVIe siècle.

Résumons donc maintenant les bons effets de ces doctrines, et réunissons, comme en un faisceau, les théories que nous venons d'exposer, afin d'en conclure l'état de la langue classique au moment où va s'ouvrir le plus grand siècle littéraire de la France.

Grâce aux efforts de plusieurs grammairiens de ce temps, on pouvait regarder comme établis d'une façon nette, précise et même durable, puisque la postérité n'y a rien changé, l'usage et la prononciation de notre alphabet. Il se divisait en six voyelles : *a, e, i, o, u* (Pillot), *y* (Ramus); et dix-neuf consonnes : *b, c, d, f, g, h, j, l, m, n, p, q, r, s, t, v, x, z* (Pillot) et *k* (Ramus). La combinaison des voyelles en diphthongues était parfaitement connue et adoptée : *ai, du, eu, oi, ui* (Pillot) *ou* (Ramus, Henri Estienne et Théodore de Bèze); on avait même des notions fort claires sur les triphthongues : *eau, œil, ueil, œu, ueu, ieu, oui* (Pillot), *iei* (Henri Estienne et Théodore de Bèze).

Bien qu'à cette époque la langue, livrée à toutes les incertitudes de l'usage, ait encore été troublée dans son développement progressif par les brusques tentatives de hardis réformateurs, les esprits tant soit peu solides et pénétrants, Pillot, Garnier, Robert et Henri Estienne, laissèrent un système d'orthographe qui tendait à faire disparaître la multiplicité des consonnes employées jusqu'alors, sans supprimer tout à fait les traces étymologiques, comme le voulaient les néographes Meigret, Pelletier du Mans et Ramus.

Le ton à donner aux syllabes avait été noté par Meigret, l'accentuation indiquée par Estienne Dolet, Meigret et Pillot ; les différents membres d'une phrase étaient déjà séparés par des signes de ponctuation, auxquels nous n'avons ajouté que le (;) (1) (Dolet, Meigret, Ramus). Enfin, J. Pillot, dès 1550, avait introduit le tréma et les traits d'union.

Ce même auteur, le premier en France, donna une théorie de l'Article comme partie du discours ; mais il n'en soupçonna pas le véritable rôle. Henri Estienne le compléta d'une manière presque satisfaisante.

Les doctrines sur le nom laissent plus à désirer. Personne, en ce siècle, n'a séparé, comme il doit l'être, l'adjectif du substantif, et l'on s'est contenté de donner pour chacune de ces espèces de mots des règles particulières, sans se demander si elles étaient bien conformes à la nature de cette partie d'oraison et au génie de notre idiome. Le nom substantif était décliné, à l'instar de la déclinaison latine ; les genres connus ; mais les grammairiens ne tenant pas assez compte de l'usage ni des faits grammaticaux, ont commis à cet égard plusieurs erreurs, qui trop longtemps eurent force de loi ; enfin, la formation du pluriel avait été justement indiquée, seulement on différait sur les signes à employer, les uns tenaient pour les *Z* (Dubois, Meigret), les autres voulurent l'emploi de l'*S*, Jean Pillot alla même jusqu'à s'en servir aux secondes personnes plurielles des verbes ; Ramus fit comme lui ; les Estienne mirent le *Z*, qui fut définitivement adopté. Ce qui fait surtout honneur au xvie siècle, c'est la grande variété de diminutifs gracieux

(1) Le *point et virgule* se trouve bien dans des manuscrits fort anciens, au xiiie siècle, par exemple ; mais c'est pour marquer une abréviation : *atque* s'écrivait *atq* ;

et expressifs qu'il emprunta aux Italiens pour en doter notre langage. Sous François Ier ils sont déjà en grand nombre et se forment d'après une théorie régulière (Dubois et Pillot).

L'adjectif, quoique mal compris dans son essence, a reçu ses lois, tant pour la formation de son féminin que pour celle de son pluriel; la place qu'il doit occuper, par rapport au substantif, est déterminée pour certains cas, que Pillot signale le premier; mais c'est à Henri Estienne que revient l'honneur d'avoir montré l'influence qu'exerce la place de l'adjectif sur la signification du substantif. Il est juste aussi de reconnaître que depuis longtemps nous avions nos comparatifs et nos superlatifs, et qu'on ne les dérivait plus directement du positif, comme chez les Latins : *grandres, graignor, greignur* de *grand*; *ancianor, juvenur* sont des archaïsmes.

Les pronoms aussi ont reçu leurs lois. Divisés en quatre classes : démonstratifs, possessifs et relatifs (Pillot) et personnels (Henri Estienne); ils prennent le genre et le nombre de l'être ou de l'objet qu'ils représentent; ils servent de sujets et de régimes aux verbes, et sont alors ou au nominatif, ou au datif, ou à l'accusatif; car tout le xvie siècle a décliné les pronoms, comme il avait fait les noms. Ils peuvent même déjà désigner la place et le rang, à l'aide de particules (cy et là), qu'on ajoute aux démonstratifs (Pillot et Henri Estienne). En un mot, on connaît assez clairement la grande variété de nos pronoms et les abondantes ressources qu'ils fournissent à l'expression de nos pensées.

C'est aussi à cette époque que nous commençons à voir les verbes, bien définis (Meigret et Henri Estienne), justement divisés d'après leur nature (Pillot, Garnier, Ramus,

les Estienne), convenablement conjugués d'après tous
leurs accidents de modes, de temps et de personnes (Robert Estienne, Pillot et leurs successeurs), enfin classés
d'après un ordre méthodique, que la postérité a sanctionné,
en quatre conjugaisons : *er, ir, oir, re* (Pillot). On doit
encore à ce grammairien la détermination de l'emploi de
plusieurs *temps,* sur lesquels on était resté jusqu'alors in-
certain, notamment le *prétérit défini* et le *prétérit indéfini.*

Si, dans les premiers siècles où notre idiome fut en
usage, les périodes se liaient difficilement et le style man-
quait de souplesse, c'est que les mots simples faisaient
défaut dans les parties indéclinables, tels qu'adverbes,
prépositions et conjonctions. Nos grammairiens n'ont pas
rendu, sous ce rapport, à la langue française tout le service qu'ils pouvaient, mais ils ont consciencieusement
passé en revue ces espèces de mots ; et quiconque lit avec
soin la longue énumération qu'ils en ont faite, s'il ne connaît
pas bien la nature propre de nos mots indéclinables, connaît du moins leurs fonctions, et, pour quelques-uns,
leur véritable place dans le discours.

Je dis « pour quelques-uns, » car en lisant les grammairiens du xvie siècle, ce qu'on regrette, c'est l'absence de
toute syntaxe, cette partie de notre grammaire, qui a été
si lente à se développer! Pour Dubois, Meigret, Pillot,
Garnier, pour le philosophe Ramus lui-même, pour l'esprit
sagace de Henri Estienne, la syntaxe ne fut qu'une espèce
de recueil d'observations sur l'accord des mots entre eux,
et non un ensemble de règles propres à établir le rôle des
mots dans la proposition et des propositions dans la phrase.
Faut-il s'en étonner dans un temps où la philosophie venait si rarement au secours de la grammaire ; et encore,

quand elle y venait, n'était-ce pas pour lui fournir quelques définitions, le plus souvent incomplètes ? Quoi qu'il en soit, Pillot le premier, et, après lui, Ramus et Henri Estienne ont vu cette lacune et ont fait de louables efforts pour la combler; aussi l'ensemble de leurs remarques sur la place de l'adjectif, du pronom sujet, régime direct et indirect, de l'adverbe, etc... groupées, comme nous l'avons fait, en un corps de doctrines, et commentées par des maîtres habiles, pouvait-il déjà contribuer quelque peu à régulariser la langue.

Ajoutons l'influence incontestable des patois sur la langue littéraire, influence qui se fit sentir surtout dans la prononciation (1), qui ne fut pas étrangère non plus aux théories émises sur l'adjectif (2) et sur la conjugaison des verbes (3), mais que les grammairiens d'alors n'ont pas assez remarquée.

Peut-on nier enfin que l'Italie ait, d'une part, enrichi notre idiome d'une foule d'expressions et de tournures très-pittoresques (4); et de l'autre, jeté dans le langage, par l'intermédiaire de la Cour, bon nombre d'équivoques, de prononciations vicieuses et d'altérations de vocables (5).

On le voit donc, le xvie siècle, si fécond en grands événements, qui a vu se manifester dans toute sa splendeur le génie français, l'esprit d'indépendance et la passion de savoir, est aussi la véritable époque de formation de notre langue classique et littéraire. Si le peuple a créé la langue vulgaire, si les Marot, les Calvin, les Charron, les Amyot

(1) Voir ci-dessus, IIIe partie, p. 125.
(2) P. 125.
(3) P. 128 et 129.
(4) P. 133.
(5) P. 134.

et les Montaigne l'ont fixée dans des œuvres durables, par
la vivacité toute gauloise, la délicatesse élégante, les
nombreuses images, les expressions neuves et les heureuses alliances de mots dont ils ont doté le langage ; il est
juste aussi de reconnaître l'action puissante des Sylvius,
des Meigret, des Jean Pillot, des Garnier, des Ramus et
des Estienne, qui ont donné, en quelque sorte, droit de
cité à ces précieuses innovations, et dont les doctrines,
tout imparfaites qu'elles sont, ont préparé néanmoins la
régularité qu'on admire dans Balzac et dans Malherbe.

Mais, parmi ces grammairiens, ces grammatistes, si on
l'aime mieux, celui qui est le moins connu de nos jours,
est précisément celui qui a été le plus étudié dans les écoles
du xvi⁰ siècle, et qui a le plus contribué aux progrès de notre langue, livrée alors à toutes les fantaisies néographiques
et à tous les écarts des philosophes grammairiens. Aussi,
malgré les pages que lui consacre M. Livet, nous avons
entrepris de le faire connaître, et même de le faire valoir,
dans la mesure de ses mérites, en comparant son traité
grammatical avec ceux de son temps.

La Champagne, près de laquelle Jean Pillot a dû naître,
que ses amis ont illustrée, et au sein de laquelle cette *étude*
a été écrite, verra peut-être avec plaisir ce retour d'estime
ou de justice vers un fils, et accueillera ce travail, tel qu'il
est, comme le tribut d'une bienveillante hospitalité.

TABLE DES MATIÈRES.

PREMIÈRE PARTIE.

DEUXIÈME PARTIE.

TROISIÈME PARTIE.

Troyes, le 15 juillet 1862.

Vu et lu, à Paris, en Sorbonne le 31 janvier 1866,
par le doyen de la Faculté des lettres de Paris

PATIN.

Permis d'imprimer,
Le vice-recteur de l'Académie de Paris,

A. MOURIER.

SAINT-CLOUD. — IMPRIMERIE DE Mme Ve BELIN.

www.ingramcontent.com/pod-product-compliance
Ingram Content Group UK Ltd.
Pitfield, Milton Keynes, MK11 3LW, UK
UKHW022304070726
13614UKWH00002B/535